35.-

Die Deutsche Bibliothek – CIP-Einheitsaufnahme
Stoll, Robert Th.:
Werner Zogg / Robert Th. Stoll. - Basel; Berlin : F. Reinhardt, 1994
  ISBN 3-7245-0833-6
  NE : Zogg, Werner [Ill.]

Alle Rechte vorbehalten
© 1994 by Friedrich Reinhardt Verlag Basel/Berlin
Fotos: Dominik Labhardt, Basel
Lithos: Bufot GmbH, Reinach
Printed in Switzerland by Reinhardt Druck Basel
ISBN 3-7245-0833-6

Robert Th. Stoll

Werner Zogg

Friedrich Reinhardt Verlag Basel/Berlin

Inhaltsverzeichnis

Prolog
Lichtzelt in Lausanne
Frühzeit und Spätzeit
Vita
Landschaften malen
Zwei Bilder vom Seeufer
Paris
Der Zeichner
Bilder der Stille
Menschenbilder
Vie Intime und Intérieur
Öffentliche Arbeiten
Experimente
Drei späte Akte
Neue Recherchen
Rheinbilder
Letzte Arbeiten

Prolog

Ein Maler, dem die Aufgabe gestellt ist, das Bildnis eines Menschen zu schaffen, kann mit seinen Farbpigmenten, Strichen, Konturen und Tönungen eine Ähnlichkeit realisieren, die dem Bildbetrachter die natürliche Erscheinung des Abgebildeten, im besseren Falle auch die innere Gestalt vor Augen stellt. Die befriedigende Aussage lautet dann: «Ja, so sah dieser Mensch aus, so war er.» Aber zuweilen erleben die Bildnismaler auch, daß das Porträt zwar von Außenstehenden akzeptiert wird, vom Porträtierten selbst jedoch nur mit Vorbehalten.

Schwieriger erscheint es dem Schreiber, in Worten allein einen Menschen so zu schildern, daß dieser so Beschriebene dem Leser lebendig, einigen unterstützt durch eigene Erinnerungen, andern frisch evoziert, vor das innere Auge tritt.

Der Büchermacher hat für die Darstellung eines Malerlebens und der formalen Entwicklung des Künstlers eine einzigartige Hilfe in der mitgezeigten typischen Werkauswahl aus dem Gesamt-Œuvre. Das Bewußtsein der Fragwürdigkeit und Unzulänglichkeit bleibt aber bei jedem Versuch, einen Menschen in seiner ganzen Struktur und Ausstrahlung der Persönlichkeit und des Schaffens zu fassen. Umsomehr dann, wenn es eine so differenzierte und sensible Natur war dieser Malerfreund Werner Zogg.

Ich bin dankbar, daß Frau Hilde Zogg und ihr Sohn Philippe das Vertrauen in mich hatten und daß Herr Alfred Rüdisühli vom Verlag Friedrich Reinhardt mir die Aufgabe übertrug, eine Monographie eines Menschen und Malers zu verfassen, welcher über die Maße des Gewohnten und Gewöhnlichen hinausreichte. Dies soll ein Buch zum vergleichenden Anschauen sein, mit begleitenden Worten zu vertieftem Sehen.

Werner Zogg war einer, der unablässig und selbstkritisch nach seiner eigenen Linie suchte; er war liebenswürdig offen und zugleich oft empfindsam in sich selbst eingerollt; er war von seltener Geschmacksbildung und stets neu hinterfragter Urteilskraft; er war gescheit und voller Gedankenblitze; er war ein Perfektionist voller Skepsis, das zu sein und das zu leisten, was ihm aus dem tieferen Wesen und der erfühlten Kreativität auch möglich wäre. Er hat es gesagt und würde es heute noch sagen: «Versucht habe ich es. Wann aber gelang es mir wirklich?»

Lichtzelt in Lausanne

Das Wissen, in einem wichtigen Bereich der Landesausstellung 1964 in Lausanne mitgestalten zu dürfen, war für Werner Zogg ein großes Stimulans. «Der Weg der Schweiz» war der geistig zentrale Teil der Expo, welche die umfassende Aufgabe zu erfüllen hatte, nicht nur die Schweizer Bevölkerung und das Land in ihren gewachsenen Strukturen vorzustellen, sondern auch Impulse für die Zukunft zu vermitteln.

Die Architektur dieser bewegten Abfolge von Ausstellungshallen und Passagen zeigte das einheitliche Gesicht von zeltartigen, hohen und durchlichteten Holz-Konstruktionen, die eine sich aus der andern entwickelnd. In dieser Ausstellungsführung wurden in sechs Abschnitten «Natur und Mensch», «Freiheiten und Rechte», «Ein Kleinstaat in der Welt», «Ein Tag in der Schweiz», «Die Schweiz im Spiegel» und «Aufgaben von morgen» visualisiert.

Wie kann man, stellte sich die Frage, Demokratie, Föderalismus, Glaubens- und Gewissensfreiheit und Toleranz anschaulich machen? Exemplarisch illustrieren, wie es noch die Landi 1939 unternommen hatte, wollte man nicht. Einzelheiten waren wegzulassen, um den Sinn, Klang und Zusammenhang eines Themas erfaßbar zu machen.

Auch verschiedene Künstler waren zur Teilnahme an der Erarbeitung eines Konzepts und seiner Ausführung eingeladen, unter anderen die Bildhauer Fischer, d'Altri, Rehmann und die Maler Hans Stocker, Brignoni und Tschumi. Hans Stocker war als Mitglied der Eidgenössischen Kunstkommission mit A. Holy und M. von Mühlenen auch Mitglied der verantwortlichen Kommission für die Ausgestaltung der Sektoren «Freiheiten und Rechte» sowie «Ein Kleinstaat in der Welt». Er stand dafür ein, daß Werner Zogg den Auftrag erhielt, die Vielfalt der Schweizer Kantone den über den «Weg der Schweiz» promenierenden Millionen von Besuchern ansprechend vor Augen zu führen.

Werner Zogg ist die Aufgabe mit aller Sorgfalt angegangen, hat in einem Baumodell Versuche der Lichtführung und Farbgebung unternommen, um sich über die zu verwendenden Materialien Klarheit zu verschaffen. Er hat Entwürfe gezeichnet und gemalt, hat Proben im Maßstab 1:1 angefertigt.

Das Ergebnis hat seinen Einsatz gelohnt. Er durfte zufrieden sein. Ich entsinne mich noch, wie er mit meiner Antwort auf seine Frage, ob ich seine Halle – er nannte sie wirklich «meine Halle» – in Lausanne schon gesehen hätte und ich ihm mit «Nein» antworten mußte, keineswegs zufrieden war. «Du mußt baldmöglichst gehen. Du mußt selbst sehen, daß es eine runde Sache geworden ist.»

Was ich ihm bald darauf überzeugt bestätigen konnte. Werner Zogg hat mit aufgehängten und gestellten Plexiglas-Platten ein wirklich neues, anregendes Raum-Mosaik eingerichtet. Für dieses «Mosaik der Schweiz» an der Expo bedurfte er aller Kantonsfarben. Die Doppelettern aller Kantone, in Kistenbuchstaben und den beigestellten Jahreszahlen des Kantonseintritts in die Eidgenossen-

Mosaik der Schweiz, 1964
Expo Lausanne

schaft, also «UR 1291» oder «BS 1501», erschienen hell oder dunkel, farbig oder opak, auf den transparenten rechteckigen, quadratischen, schmalen hohen oder breit ausgreifenden Tafeln. Charakteristika der Kantonswappen, wie etwa die Tatze eines Berner Bären oder der Stab des Basler Bischofs wurden angedeutet.

Auf die Frage, warum er die althergebrachten Symbole verändert habe, gab er zur Antwort, daß sich ja die Wappen im Verlaufe der Jahrhunderte stets wieder, den Sinn bewahrend, die Form neu verstehend, verändert hätten. «Darum hab' ich mir als Künstler die Freiheit zur Veränderung erlaubt. Ich habe sie vereinfacht; dabei aber hielt ich mich streng an die überlieferten Farben. Vom Formalen habe ich gewisse Details übernommen und mich eigentlich der Wappen bedient, um eine gewisse Gesamtkomposition zu erreichen. Da meine Wappenscheiben durchsichtig sind, ergibt sich ein schönes Spiel von Farbklängen.»

Die Transparenz der Elemente im einströmenden Tageslicht in die Weite des durch die hellen Holzträger rhythmisch markierten Zeltraumes ergab in Verbindung mit der Bewegung der Menschen auf ihrem Weg zwischen Eingang und Ausgang ein faszinierendes Spiel der Farbmischungen und Lichtwerte. Ich habe spontan mich der Farbverzauberungen erinnert, die in seiner Weise, aber in verwandter Farbalchimie, im Jahre 1950 Matisse in seiner Chapelle ND du Rosaire in Vence hervorgezaubert hat.

In seiner Farblicht-Halle an der Lausanner Expo hat Werner Zogg etwas verwirklichen können, was er suchte und in seinem späteren Werk dann auch ausgeführt hat: Lichtmusik ausströmende Farben. Dieser Raum, wo mancher Besucher auf seinem Weg verwundert innehielt, sich umsah, schaute und staunte, war ein in Werner Zoggs Schaffen wichtiger künstlerischer Schritt auf seinem Entwicklungsgang zum Spätwerk mit den Glasscheiben, farbigen Collagen und expressiven Malereien.

Werner Zogg an
der Arbeit von:
Mosaik der Schweiz, 1964

Frühzeit und Spätzeit

Ein Vergleich der beiden hier vorgestellten Bildnisse zeigt in anschaulicher Weise die menschliche und künstlerische Spannung zwischen Frühwerk und Spätwerk. Die Unterschiede in der Lichtbehandlung, Farbenverwendung, Material und Pinselschrift sind eklatant. Ein Selbstbildnis von Werner Zogg aus der Spätzeit gibt es nicht – und auch das ist vielsagend.

Als Gauguin, der nicht endenden persönlichen Schwierigkeiten überdrüssig, verloren in seiner Auseinandersetzung mit der kolonialen Macht fern von seinem Mutterland in der Welt der Südsee innerlich dahinkam, aus dem Leben scheiden zu wollen, malte er, seine innere Landschaft symbolisierend mit den mythischen Gestalten der Maori, ein sehr großes Bild, das sein Testament sein sollte, und gab ihm den Titel: «D'où venons-nous? Que sommes-nous? Où allons-nous?». Diese Fragen nach Herkunft, Sein und Wegrichtung sind stets die zentralen Fragen an das Bildnis eines Menschen, insbesondere an ein Selbstbildnis.

Denn beim Selbstporträt zeigt sich der Maler so, wie er sich sieht und gesehen werden will. Ist der Künstler nicht auf Repräsentation bedacht und somit auch nicht auf berechnete Spiegelung im Bildbetrachter, wie beim Rokoko-Selbstbildnis des jungen Goya, sondern auf die Darlegung der ungeschminkten Wahrheit, so zeigt er sich, sich selbst im Spiegel betrachtend und in seiner Erscheinung sein Inneres preisgebend, offen und ehrlich. Frühe Selbstbildnisse Rembrandts um 1630 sind Belege dafür.

Der 25jährige Werner Zogg hat sich so gesehen. Er hat sein Malhandwerk gelernt. Die Ausbildung an der Basler Kunst-Gewerbeschule hat er abgeschloßen. Er ist auf dem Sprung nach Paris. Er malt sich. So hat sich Van Gogh innerlich gedrängt gefühlt, sein Bildnis zu malen, um mit sich klar zu kommen, als ihn sein jüngerer Bruder Theo veranlaßte, aus dem dunkeltonigen Nordholland endlich nach Paris zu kommen, wo die Lichtmalerei des Impressionismus immer mehr Anerkennung fand. Van Gogh wollte wissen, wo er stand. Werner Zogg will es wissen. Sich selbst vorbehaltlos ins Auge zu fassen, ist oft schwierig.

Mit profundem Ernst blickt er sich hier selbst an. Das eine Auge bleibt im Schatten und ist doch als heller Bereich erkennbar. Das andere Auge ist dunkel unter dunkler Braue, liegt aber unter heller Stirnpartie und über heller Wange. Dieses komplementäre Spiel von Aufhellung und Abschattierung kennzeichnet dieses ganze Selbstbildnis. Eine summarisch hell gezeigte Mauerkante stößt an eine dunkle Wand, die sich dort, wo sie hinter dem Menschen wieder sichtbar wird, weicher darbietet.

Das hellblaue Hemd, dem nicht sichtbaren Fenster zugekehrt, steigert sich in die fast weiße Helle des Hemdkragens, während der andere Kragenteil im Dunkleren der lichtabgewandten Schulter kaum auszumachen ist. Aus den hochgekrempelten Ärmeln treten dunkle Arme hervor; der eine hängt unbewegt hin-

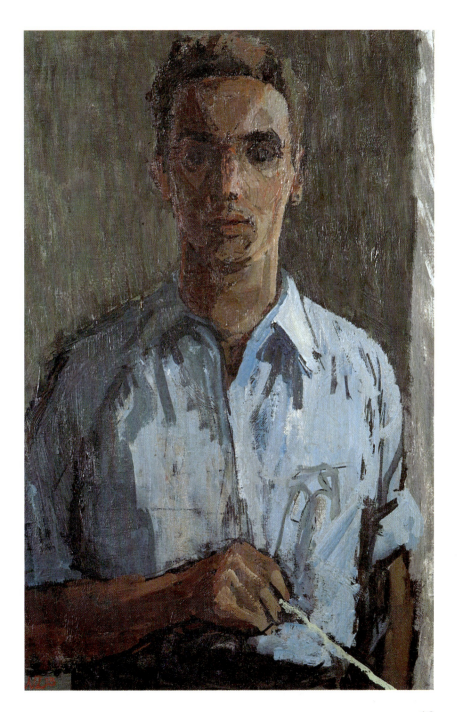

Selbstbildnis, 1935
Öl
53×65 cm
Kunstkredit Basel Stadt

ab, dem Fenster parallel, der andere ist in die Horizontale abgewinkelt. Dessen Hand hält den sehr langen Stiel eines Pinsels.

Das Selbstbildnis ist vor dem Spiegel gemalt und belegt so auch die Tatsache, daß Werner Zogg Linkshänder war. Er hat im Malen innegehalten und prüft seine Erscheinung. Er sieht sich so und malt sich so. Aufrecht und frontal zeigt er sich. Er ist ein jugendlicher Mann mit kräftigem Hals und ausgeprägten Gesichtszügen. Die schön gewölbte Stirne, die von zwei schrägen Konzentrationsfalten markiert ist, steigt zum braunen, kurzen Haar an. Es scheint, als ob er gar den Atem für einen nachdenklichen Augenblick angehalten hätte. Bin ich so? Wo geht es mit mir hin? Das Spiel der Pinsel über dem Spielfeld der Malfläche ist wie der festgehaltene Ablauf einer Choreographie. Summarisch ist der Fond wiedergegeben. Über der hellen Mauerkante rechts im Bild sind, kühn rhythmisiert, breite Pinselzüge. Sie bilden auch die Peinture des Hemdes: Trippel-Schritte und Pirouetten bringen Bewegung. Sehr sorgfältig wurden die malende Hand und das konzentrierte Gesicht wiedergegeben.

Dieses Selbstbildnis von Werner Zogg ist ein frühes Meisterwerk. Der junge Mann weiß, daß er Maler ist. Er baut auf Vorbildern der tonigen Basler Malerei des beginnenden 20. Jahrhunderts auf, sie nicht imitierend, sondern sie aus der Sicherheit der Tradition weiterführend. Es sei an die Bildnisse des bewunderten Paul Basilius Barth erinnert. Der Basler Kunstkredit hat mit großer Sicherheit schon damals dieses in altmeisterlicher Art konzipierte und ausgeführte Selbstbildnis des jungen Malers in die Sammlung aufgenommen.

Dem sei nun ein Bildnis gegenübergestellt, welches der 76jährige Zogg ausgeführt hat. Der hier sich stellenden Frage «Frühwerk – Spätwerk» nachzugehen, ist reizvoll und aufschlußreich. Tizian, der eingebettet in das Schönheits-Ideal der Renaissance zu malen beginnt und in seinem Alterswerk das Chiaroscuro seiner sinnlichen Farben ausbreitet, gehört zu den großen Beispielen. Anders Michelangelo, der Bildhauer verwandter künstlerischer Herkunft, der seine strahlend göttlichen Körper nicht mehr aus dem Stein befreit, sondern am Ende im Nonfinito seiner Spätfiguren wie der Pietà Rondanini verstummt; und nochmals anders Leonardo, der den Weg vom ingeniösen Welterschaffer zu den labyrinthischen Zeichnungen seiner Weltuntergänge geht. Immer ist dieses Verwandeln des Werks und die Verwandlung der Persönlichkeit auch bekennendes Zeugnis individueller Unmittelbarkeit. Es kann – aber muß nicht nur – die Spiegelung einer Durchwanderung der Lebensalter sein: von der Jungkraft über die Reife bis zur Einsicht in die Unausweichlichkeit des Zerfalls; Picasso bleibt hier der große Zeuge des Andersseins. Hier ist es eine Sublimierung der physischen und psychischen Kräfte in ein Werk, das in der spätesten Reife die Größe geänderter Verdichtung erreicht; Rembrandt und Goya wären weitere Namen. Aber auch Hodler, vom «Studenten» (1884) und dem in den Maßen sehr ähnlichen «Schüler» (1885), den Zogg im

Porträt, 1986
Acryl
100×130 cm
Kunstkredit Basel-Stadt

Basler Kunstmuseum genau besehen hatte, bis zu dem hellen «Aufbruch der Jenenser Studenten» (1908/09) darf hier vergleichend genannt werden. Der wohl entscheidende Vergleich wird mit dem Schaffen von Matisse und der Fauves deutlich.

Diese Meisternamen kommen dem Bildbetrachter in den Sinn, wenn er das eindrückliche Spätwerk Zoggs sieht, dieses «Portrait Claire Zschokke-Roessiger», im Auftrag des Basler Kunstkredits gemalt im Jahre 1986. Frau Zschokke hat sich als bedeutende Berufsphotographin weithin Ruf erworben. Von Zeit zu Zeit – heute weniger, weil sich leider weniger beachtliche Porträtisten finden lassen – vergibt der Basler Kunstkredit den Auftrag, das Bildnis einer verdienten Mitbürgerin oder Mitbürgers der Polis zu schaffen.

Es ist bemerkenswert, daß die Reaktionen der dann Abgebildeten vielfach sehr ähnlich sind. Beim ersten Betrachten des fertigen Bildes oder der Bildhauerbüste mag man sich wundern, ob man wirklich so, wie der Künstler einen gesehen hat, aussieht. Doch die vergehende Zeit bringt dann so manches ins Gleis. Claire Zschokke äußerte sich: «Obwohl ich es damals eigentlich ungern tat, finde ich es heute – beim Wiedersehen des Porträts – vergnüglich, daß ich mich schon weitgehend darin erkenne.» Und sie erinnert sich mit Vergnügen, daß Werner Zogg an einer der letzten Sitzungen sagte: «Ich kann Sie nicht vor eine Bibliothek setzen. Sie sind eigentlich keine Intellektuelle». – Und hat sie dann vor Büchern gezeigt.

In dieses starke Bildnis hat Werner Zogg alle seine künstlerischen Erfahrungen im Erfassen der Psyche, der Bild-Anordnung und der Malsprache einfließen lassen. Die Frau sitzt, aufmerksam durch ihre Brille auf den Betrachter blickend – substituiert durch den Maler – in der Mitte. Über ihr angehobenes und aufgestelltes rechtes Bein hat sie den linken Arm gelegt, mit dessen Hand sie den herabhängenden rechten Arm umgreift. In der Feinheit dieser Hand wird die ganze Psyche der Person zum Bild. Die Frau ist in ein schlichtes, einfarbig hellblaues Gewand mit kragenlosem Ausschnitt gekleidet und trägt um den Hals kunstgewerbliche Ketten. Ihr kurzgeschnittenes graues Haar liegt wenig gekämmt knapp über dem Kopf.

Die Bücherwand hinter ihrem Rücken bildet mit den Schaftbrettern eine feste Einteilung in waagrechte und senkrechte weiße Streifen. Erinnerungen an die Ponderation mittels schwarzer Streifen in Mondrians Kompositionen der dreißiger Jahre klingen an. Hier aber sind die Flächenteilungen vergegenständlicht und in lebhaftester Weise vertikal gestreift rhythmisiert durch die vielfarbigen Bücherrücken, welche wiederum instrumentalisiert sind mit zahlreichen Rückenschildern. Raffiniert ist auch das in geradezu homöopathischer Weise dosierte Einsetzen eines schräggestellten Buchrückens, so werden die Reihungen lebendiger als beim freilich viel größer orchestrierten Gemälde «Las Lanzas» von Velazquez.

Einzig zur Linken der Frau ist eine hochrechteckige Nische mit dunklen Formen, einem

Stilleben mit Opalinlampe, 1982
Acryl
100×60 cm
Privatbesitz

Kopf oder zwei, einer Bildhauerfigur oder zwei, ausgefüllt. Frau Zschokke erinnert sich nicht, was dies im Atelier von Werner Zogg tatsächlich war. War es tatsächlich so dort? Oder könnte es ein imaginierter Aufruf der künstlerischen Tätigkeit des Gatten von Frau Zschokke sein, des Bildhauers Alexander Zschokke?

So oder so: die malerische Bildrechnung mit Helle und Dunkel, der weißen Schaftbretter zur Fülle des Farbenspiels stimmt. Eine lebendige Expressivität zeigt sich, die auch in der malerischen Behandlung des Frauengesichtes zum Ausdruck kommt. Die Malerei Werner Zoggs hat mit seinen Jahren menschlicher und künstlerischer Entwicklung von der Frühzeit bis zur Spätzeit den Weg aus der tonigen Ölmalerei zur leuchtenden Acryl-Malerei gefunden, von der stimmigen Zurückhaltung des Anfangs zur freien Selbstverständlichkeit der Reife, als Mensch und als Maler ganz sich selbst zu akzentuieren.

Vita

Werner Zogg war Bürger von Walenstadt und Basel. Geboren wurde er in Basel am 16. Mai 1910. Nichts in der Familiengeschichte kann als Anzeichen gewertet werden, daß Werner Zogg später Maler werden sollte. In der ganzen Verwandtschaft finden sich keine künstlerischen Berufe. Alles zeigt sich als solider bürgerlicher Mittelstand. Man lebt und arbeitet, um sich anständig durchs Leben zu bringen. Werners einziger Bruder ist erfolgreicher Drogist geworden und später zum Direktor einer Firma für Tierheilmittel avanciert. Der Vater war ein in der Textilbranche tätiger ausgemachter Kaufmann. Er hatte es mit Arbeit zu einem Wohlstand gebracht, der ihm Ansehen sicherte, darauf war er stets bedacht. Er war sehr autoritär. Später hat der längst erwachsene Werner Zogg angedeutet, daß er sich lange vor dem strengen Regiment des Vaters gefürchtet habe. Mit der Mutter, Tochter aus einer appenzellischen Sattlerfamilie, die später in Urnäsch eine Fuhrhalterei betrieb, verstand Werner sich gut. Werners Großmutter mütterlichseits war eine elegante und verschwenderische Dame, die es liebte, bedient zu werden – was Werner als Ehemann und Vater auch gerne hatte. Dies und ihr bezeugter Kunstsinn scheinen also eine Generation übersprungen zu haben.

Auch hier bestätigt sich wieder die alte Erfahrung: ein jeder steht auf den Schultern von anderen, und – akzeptiert oder abgelehnt – die Gangart der Vorfahren prägt sich dem Lebensgang der Jüngern ein. Ich erinnere mich, wie Werner Zogg in der Ausstellung belgischer Expressionisten anfangs der fünfziger Jahre in der Basler Kunsthalle reagierte: er blieb vor dem dunklen Gemälde «Généalogie» des beachtlichen Frits van den Berghe (1883–1939) mit der Darstellung eines Sohns auf den Schultern eines zyklopischen Vaters länger stehen und meinte nachdenklich: «So ist es – dieser Maler hat es zeigen können.» Was mir damals noch verschlüsselt blieb, hat sich mir später erschlossen. In der Psyche des Malers Zogg ist verdeckt, gar verheimlicht, dieses Trauma spürbar: er konnte – bei aller vorgezeigten Fröhlichkeit – schreckhaft bleiben.

Werner Zogg besuchte die Basler Schulen. Die geistige Formierung, die er im Gymnasium empfangen hatte, gab ihm in seinem Habitus stets eine gewisse Nonchalance anderen gegenüber. Erstaunlich bleiben Werners Entscheid, Maler zu werden, und seines Vaters Einverständnis dazu.

Er absolvierte von 1929 bis 1931 die Ausbildung an der Kunst-Abteilung der alten Basler Gewerbeschule. Er wollte damit seinem Vater auch seinen Willen zur Solidität beweisen. Mayer, Bucher, Baumann und Fiechter waren seine Kunstlehrer, beim jungen Georg Schmidt belegte er Kurse in Kunstgeschichte. Dann aber zog es ihn fort, nach Paris. Es muß hier vermerkt werden, daß ihm der Vater – stolz nun auf den Sohn, der «so etwas ganz anderes machte» – diese Ausweitung in fachlicher, künstlerischer und kultureller Sicht finanziell ermöglichte.

Vier volle Jahre – von 1931 bis 1935 – weilte er in Paris. Diese Jahre prägen ihn sehr. Er nahm «une allure française» an. Dieser Schliff, diese Tonalität und diese Farbstimmung wurden mit den Jahren in seiner Art, wie er sich gab und wie er malte, immer deutlicher. Auch für Kollegen und Kolleginnen wurde er zum «Monsieur», und nicht immer nahmen die Ungeschlachtigen dies gut auf. Werner Zogg wurde so zum Repräsentanten jener «Verve» für Paris, die sich in der Basler Malerei namentlich der ersten Hälfte unseres Jahrhunderts deutlich zeigt; mit Namen von Künstlern ist dies am besten zu belegen: Irene Zurkinden, Gerold Veraguth und Otto Abt.
Werner Zogg wohnte sehr bescheiden mit einem jungen Maler namens Colombi zusammen. Er belegte Kurse an der Grande Chaumière. Das Handwerk – in Einsicht und Ausübung – wurde geschult. Das Auge wird gebildet und verfeinert: denn Werner Zogg nimmt unersättlich auf. Er sieht sich vieles an; er schaut vertieft, er empfindet klarer und eignet sich alles an. Aber wenn er in jenen Jahren der Formation viel zeichnet und malt, ist davon nur wenig erhalten: denn er wird kritisch, andern gegenüber und nicht minder sich selbst.
Aufnehmen will er und besucht so auch Kurse an der Académie Colarossi und an der Académie Lhote. Vor allem wird ihm die Malerei von Roger Bissière (1888–1964) zu einem lange nachklingenden Erlebnis; er ist ihm als Professor an der Académie Ransom begegnet, und seine Ausstellung 1935 in einem Saal der Académie hat Werner Zogg sehr beeindruckt. Bissière, dessen Werk, wie ich meine, noch nicht seiner Bedeutung entsprechend anerkannt ist, war ein echter Kunstlehrer wie zur fast gleichen Zeit Paul Klee in Düsseldorf. Er hat versucht, seine maltechnischen Erfahrungen mit seinen inneren Entdeckungen in Einklang zu bringen und einen malerisch-abstrakten Expressionismus zu entwickeln. Diese Pariser Seh-Erlebnisse waren für Werner Zogg wie eine Inkubation, die sich erst später im eigenen Werk auswirken würden.
1934 weilte Zogg zum ersten Mal zu Studien in Griechenland, was ihn sogleich bewog, Neugriechisch zu lernen. Diese Welt, namentlich die damals von Fremden noch kaum aufgesuchte Insel Samos, wurde ihm zeitlebens zu einem Ziel seiner Sehnsucht.
Die zwei folgenden Jahre 1935 bis 1937, die Werner Zogg in Basel verbrachte, nannte er später seine «Laboratoriums-Zeit». Er suchte immer noch – und wer ihn kannte weiß, daß er bis an sein Lebensende ein Sucher und Probender war. Er unternahm technische und optische Experimente mit verschiedenen Materialien, Pigmenten und Bindern; er suchte nach ihren Eigenheiten und Wirkungen. Er las auch sehr viel, bildete sich, nicht immer systematisch, aber hungrig ausgreifend nach neuen Erkenntnissen und Wegen. Er beschäftigte sich mit Philosophie, ja Theologie. Natürlich kommunizierte er mit den Kolleginnen und Kollegen der Basler Künstlerschaft, wurde aber – trotz seiner Liebenswürdigkeit und seinen gepflegten Umgangsformen, die ihm zugebilligt wurden – als ein Sondervogel betrachtet.

Haus am Kanal, ca. 1950
Öl
63×49 cm
Privatbesitz

Akt, 1951
Bleistift
32×41 cm
Privatbesitz

Stadtansicht, 1951
Bleistift
37×25 cm
Privatbesitz

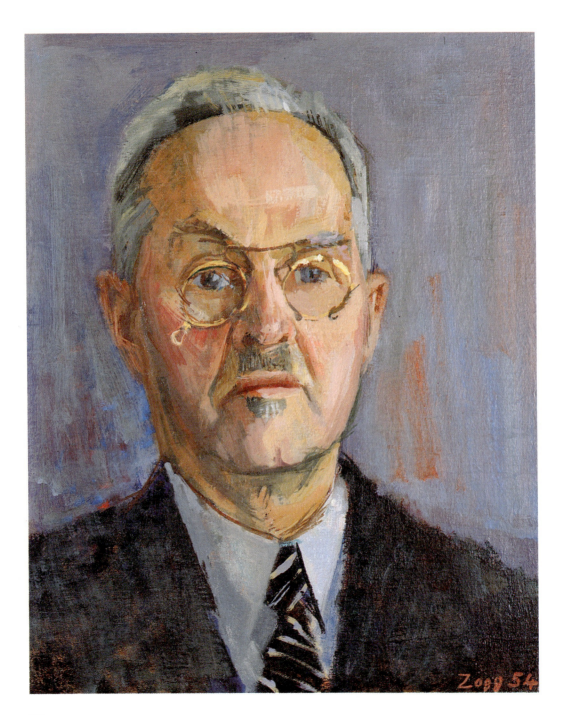

Porträt, 1954
Öl
37×55 cm
Privatbesitz

Porträt, 1955
Öl
74×90 cm
Privatbesitz

Farbmelodie, 1958
Öl
70×50 cm
Privatbesitz

Rheinhafen, 1958
Öl
90×38 cm
Privatbesitz

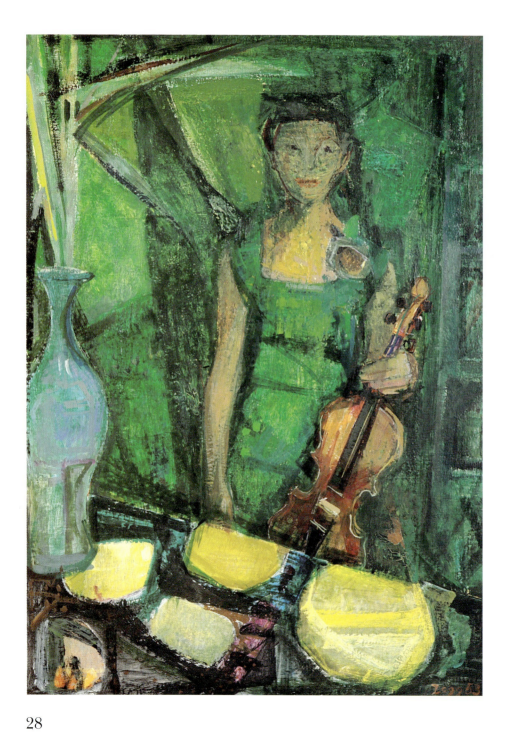

Die Geigerin, 1953
Öl
53×76 cm
Kunstkredit Basel-Stadt

Viele überraschend übersiedelte Zogg 1937 nach Hirzel. Der Ort selbst bot wenig. Das Geburtshaus der Verfasserin des Jugendbuches «Heidi», Johanna Spyri-Heusser, steht dort. Aber Hirzel auf dem Paßübergang vom Sihltal zum linken Ufer des Zürichsees liegt mitten in einer reizvollen Landschaft in einer durchlichteten Atmosphäre. Dort fand Werner Zogg einen Freund, den Zürcher Maler Reinhold Kündig (1888–1984) und seine dezidierte Gemahlin, mit denen er anregende Gespräche über Malerei, die Kunst allgemein und Menschen führen konnte. Durch dieses Künstlerpaar kam Zogg auch in Berührung mit dem Verleger des «Schweizer Spiegels», Adolf Guggenbühl, in dessen Gesellschaft und gastlichem Hause in Zürich er sich aufgenommen fühlte.

Dann wieder Basel und seine Kunstwelt. Bei Kriegsausbruch 1939 wurde Zogg in den Hilfsdienst einberufen und avancierte – als Maler – zum Obmann eines Tarnungs-Detachements. Ein Krieger war er ja nie, aber es sei vermerkt, daß Werner stolz war, auch seinem Vater gegenüber, weil er meinte und es aussprach, «daß man ihn eben doch zu etwas Vernünftigem brauchen könne.»

Der Vater, welcher Schweizer Vertreter einer jüdischen Textilfirma in Deutschland war, verlor in jener Nazi-Zeit der Enteignung jüdischen Eigentums seine Stelle. Das zu verarbeiten war für ihn sehr schwer. Es ist einsichtig, daß dies einen kränkenden Bruch in der Familientradition bedeutete und so zu Problemen führte.

Im Kriegsjahr 1942 – im Exodus wegen der befürchteten Grenzbedrohung, einer Panik, der damals manche Basler, die es sich leisten konnten, nachgaben – zog Werner Zogg nach Murten. Denn dort arbeitete auch sein Studienfreund aus Paris, der Maler Armin Colombi. Er wurde als Kollege zum Weggenossen und Freund. Zehn volle Jahre blieb Werner Zogg im freiburgischen Murten, wo er sich zunehmend heimisch fühlte, entfremdete sich damit aber auch der Basler Kollegenschaft. Wieder versenkte er sich in das Studium alter und aktueller Maltechniken. Sein großes Wissen und seine nie zu stillende Neugier trieben ihn an. Aber es ist nicht zu übersehen, daß er auch unsicher war, hin und her getrieben – und er blieb es bis an sein Lebensende.

Ein liebenswürdiger Gesellschafter war er doch stets, im Formulieren seiner Gedanken gescheit, seine Gespräche waren durchzuckt von faszinierenden Geistesblitzen. Aber nur schwer konnte er bei einem Thema bleiben, da immer neue Bezüge sich ihm auftaten. Seine Vielseitigkeit, seine Skepsis und Kritik auch an der eigenen Leistung, auch seine Empfindlichkeit, ungerecht eingeschätzt und beurteilt zu werden, bremsten Werner Zogg manchmal in seiner Produktivität.

Gearbeitet hat er unablässig, manches Werk aber versteckt und nur ungern vorgezeigt, manches auch vernichtet. So bietet sich sein Schaffen wie in einzelnen Phasen und nicht – wie anders bei andern Basler Malern seiner Generation, etwa den «Achtundvierzigern» Max Kämpf, Paul Stöckli, François Comment und Hans Weidmann – in einer kontinuierlichen, großen Linie. Einzelwerke markieren seinen Weg, und erst so, von Gipfel zu Gipfel blickend, erkennt man das Panorama. Anerkennung aber konnte nicht ausbleiben. 1946 wurde Zogg in die GSMBA aufgenommen, der er dann 1964 bis 1967 präsidierte.

In Murten hatte der Maler die Lehrerin Hilde Auer kennengelernt. Sie heirateten am 9. Februar 1946. Sie blieb ihm zeitlebens eine starke und ihn fördernde Partnerin. Ihrer Ehe entstammt der Sohn Philippe.

Seit 1952 wohnte die Familie in Basel. Werner Zogg, dessen Ingenium ihn sehr für den Lehrerberuf befähigte, übernahm ein Vikariat als Zeichenlehrer am Basler Holbein-Gymnasium. Später, 1961, wechselte er an die neugegründete, reichere Möglichkeiten der kulturellen Ausbildung bietende Mädchen-Oberschule; er war ein ausgesprochener Mädchenlehrer und wirkte an dieser Stätte mit einem festen Teilzeitpensum erfolgreich bis 1972. Er ging in seinem anregenden Unterricht frei vor, brachte den Mädchen, die sich gerne schon als junge Damen ansprechen ließen, die verschiedenen künstlerischen Gestaltungsweisen bei und erprobte mit ihnen auch kreative Wege, derer er selbst noch nicht ganz sicher war. Aber er war und nannte sich auch stolz ein echter Zeichenlehrer und war kreativ und beliebt.

Als der Maler, der sich an Wettbewerben des Basler Kunstkredits und an Basler Ausstellungen beteiligte, auch an auswärtige Ausstellungen eingeladen wurde, ist er 1954 mit dem Malstipendium der Stadt Basel ausgezeichnet worden.

Nach seiner Pensionierung vom Schuldienst aus Altersgründen war er unermüdlich in seinem Atelier an der Spitalstraße als auch in seinem mit raffiniertem Geschmack eingerichteten Hause an der «Mittleren Straße» kreativ tätig. Im Lesezimmer hatte er auf einem eigens gefertigten Pult einen großen Atlas liegen, in dem er oft blätterte. Reisen führten ihn wieder nach Italien, vor allem Florenz, nach Südfrankreich, wo er sich in La Ciotat heimisch fühlte, nach Alicante in Spanien und nach Griechenland: doch sein Samos erkannte er vor lauter Touristen nicht wieder. Von einem Besuch mit seiner Gattin in der Weltkunst-Metropole New York kam er ganz angetrieben zurück.

Aber eine Müdigkeit machte ihm zu schaffen. Altersbeschwerden zeigten sich. Seine Sicherheit in der Pinselschrift verließ ihn. Seine Sehkraft nahm ab. Die Parkinson'sche Krankheit ergriff von ihm Besitz. Zwar schienen Kuraufenthalte ihm wohl anzuschlagen. Er wollte immer noch, in Kleidung und Habitus, ein «Monsieur» sein. Von einer Rekonvaleszenz-Kur in La Neuveville kam er scheinbar gestärkt zurück. Aber dann schlief er wieder zu Hause ein, und in der Nacht auf den 4. Juni 1993 für immer.

Farbkomposition, 1967
Aquarell
13,5×19 cm
Privatbesitz

Landschaften malen

Erinnern wir uns: Werner Zogg muß verschiedene Arbeiten seiner frühen Entwicklung als Maler zerstört haben, weil er mit den Ergebnissen seiner «recherches de forme et de couleur» nicht zufrieden war. Wir können seine erste Pariser Zeit, sein Aufenthalt auf Samos, die ihm viel bedeuteten, nicht mit Werken belegen. Auch aus den dreißiger Jahren in Basel läßt sich – abgesehen vom frühen Selbstbildnis – so wenig beitragen wie aus seinem Hirzel-Jahr. 1938 in Basel zurück, arbeitet er in der Landschaft um Basel. Damals hat der Basler Kunstkredit von ihm Landschaftsbilder erworben, die sein schon geschultes Auge und seine persönliche Handschrift belegen. Es ist ein Dictum aus langer Erfahrung im Umgang mit bildender Kunst, daß in bestimmter Sicht jedes Bild eines Malers ein Selbstbildnis ist. Die Lebensfrage «D'où venons-nous?» wird bewußt und unbewußt zu beantworten versucht.

Diese drei Landschaften des Jahres 1938, des Herbstes 1939, dem Jahr des Kriegsbeginns, und des Herbstes 1945 nach Kriegsende – wo sind die Zeichnungen, Skizzen und Malereien der Kriegsjahre geblieben? – zeigen alle Wege oder Straßen. Das erste Bild trägt genau den Titel «Weg». Es ist dies ein Wegstück außerhalb von Binningen, von der westlichen Straße nach Bottmingen aus mit dem Blick gegen die Anhöhe «ob dem Hölzli». Die Faktur ist durchaus in der Weise der damaligen Basler Landschaftsmalerei, Nachklang der Malausbildung bei Arnold Fiechter und erinnernd an die Leimentalbilder eines Jacques Düblin. Es ist eine schlichte Arbeit. Die Komposition ist nicht gefestigt; die obere Hälfte und die untere schwingen in je einer Weise, die nicht ganz zur andern kommt. Wenn Werner Zogg das Ölbild von Edvard Munch (1863–1944) «Straße in Asgardstrand» (1907) gekannt hat – damals noch im Privathause des Kunstsammlers Schwarz – von Spreckelsen, heute als Geschenk im Kunstmuseum –, dann könnte ein Impuls von jenem Werk, das aber viel stringenter konzipiert ist, ausgegangen sein. Assoziativ sind dann die stehenden Figuren unterwegs. Die Schwingung des Wegs ist beim reifen Munch gespannt; hier beim jungen Zogg aber wie gebrochen. Der Maler ist sich seiner Möglichkeiten noch nicht sicher, selbst immer noch in jeder Weise unterwegs. Doch dezidiert sind die Hellwerte gegen die Dunkelwerte gesetzt, die Bäume in Acker und Wiese, die lichten Hausfassaden zum dunklen Bewuchs. Zogg malt vom Fond her und setzt die nächsten Schichten darüber. Zuletzt beginnt noch sein Borstenpinsel über die Fläche zu schwingen: dort, wo man von Straße und Wiese sprechen könnte, ist reine Malerei. Ein Jahr später malt der 29jährige Zogg ein starkes Bild; zu Recht hat dies der Kunstkredit sogleich erworben. Der Titel lautet «Weisses Haus»: es sind die Häuser an der Stadtrand-Straße «Am Bachgraben», entlang der Grenze zu Frankreich. Dieses Ölgemälde zeichnet sich durch verschiedene Qualitäten aus. Die Komposition ist mit ihren Vertikalen, den Holzstangen der Elektrizitätsleitung, den Hauskanten und den Bäumen links mit den

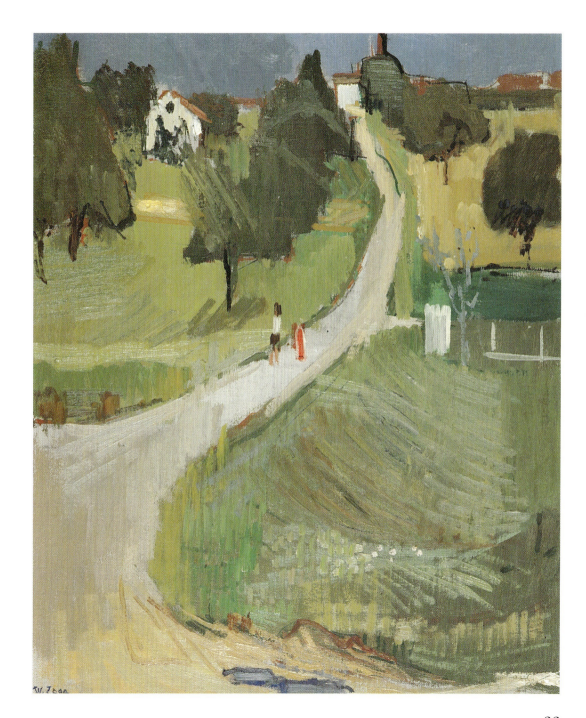

Weg, 1938
Öl
32×46 cm
Kunstkredit
Basel-Stadt

Weisses Haus, 1939
Öl
63×45 cm
Kunstkredit Basel-Stadt

Landschaft, 1945
Öl
39×30 cm
Privatbesitz

waagrechten Horizontlinien gefestigt; sie spielt auch in harmonikalen Verhältnissen von den Hausecken zur Stangenreihe und bietet sich so dem Auge sehr ausgewogen, zugleich spannungsvoll durch die Diagonalen von Erdhaufen und Straßenführung.

Das Auge folgt der Malschrift in der Rhythmik der strengen Pinsellagen im Fond, verglichen mit den Spielformen links unten, und den reinen malerischen Notationen. Das Losungswort der Impressionisten gilt hier: aus der «Sensation» geht die «Notation» hervor. Die Stimmungslage ist freilich unimpressionistisch, durch die Farbwahl gedämpft, ockrige und graue Töne herrschen vor; wenig Wärme ist zu verspüren. Der kleine kühlblaue Mensch auf der Straße ist stehengeblieben. Das Haus kehrt seine weiße Wand in eine verhaltene Helligkeit. Dieses Bild ist wie ein melancholisches Gedicht. Zogg liebte die Knappheit der japanischen «Haiku», die mit siebzehn Silben auf drei Zeilen die Welt aussagen.

Und wieder ein Weg durch die Birseck-Landschaft im nächsten Bild. Es stammt aus dem Jahre 1945. Der Krieg, welcher dem sensiblen Künstler – und nicht nur ihm – viel zu schaffen machte, ist zwar vorbei. Aber was hat er in diesen Jahren geschaffen und hinterlassen? Es bleibt eine offene Frage. Und der neue Einsatz ist vorerst wie gelähmt. Der Weg zieht sich – darf ich sagen: ungeschickt? – durch die Felder; er wirkt wie verletzt durch den grauen, nicht bestimmbaren Balken rechts. Trotz gewisser malerischer Qualitäten, etwa unten links die Pflanzenbüschel beim Zaun am Straßenrand, wirkt das Bild wie eine Schulaufgabe, die gelöst werden mußte und ohne viel Spaß auch verfertigt wurde.

Um wieviel stärker ist das im gleichen Jahre entstandene, gleich große Hochformat «Ausblick vom Bauernhof». Die Bildfläche ist organisiert mit dominanten Senkrechten und Diagonalen; die Farbenpalette ist frisch: der Weg leuchtet in Ockergelb. Die Aussage ist lebensbejahend: eine junge Frau begibt sich vom Hof aus, in dem ein Brunnen sprudelt, auf den Weg. Äste und Zweige zeichnen vor dem lichtblauen Himmel tänzerische Hieroglyphen. Das Leben geht weiter: Frühling wird kommen.

Zwei weitere Bilder schließen das Zeugnis dieser Nachkriegszeit in schönster Weise ab. Das eine zeigt «Ein Mädchen im Boot» (1946). Der Blick geht vom nicht gezeigten Bootsinsaßen – und man darf an den Maler Zogg selbst denken, so wie siebzig Jahre früher Monet im wiegenden Boot auf der Seine manches Bild gemalt hat – geradeaus zum Mädchen, an Schilfrohr und Anlegestangen vorbei über die Seefläche zu den jenseitigen Ufern und weiter bis zu den Höhenzügen am Horizont. Unter dem locker bewölkten Himmel wirken die Farben des Mädchens mit seinen langen blonden Haaren, dem violetten Sommerkleid, sitzend auf rotem Kissen im hell hölzernen und gelben Boot sehr lebendig. Es ist ein Bijou von einem Bild, dem wohl Bonnard Pate gestanden haben könnte. Diese Ölmalerei ist Ausdruck eines neuen Glücks. Mit dieser Frau Hilde schloß Werner Zogg in diesem Jahre den Lebensbund.

Ausblick vom
Bauernhof, 1945
Öl
30×39 cm
Privatbesitz

Mädchen im Boot, 1946
Öl
32×26 cm
Kunstkredit Basel-Stadt

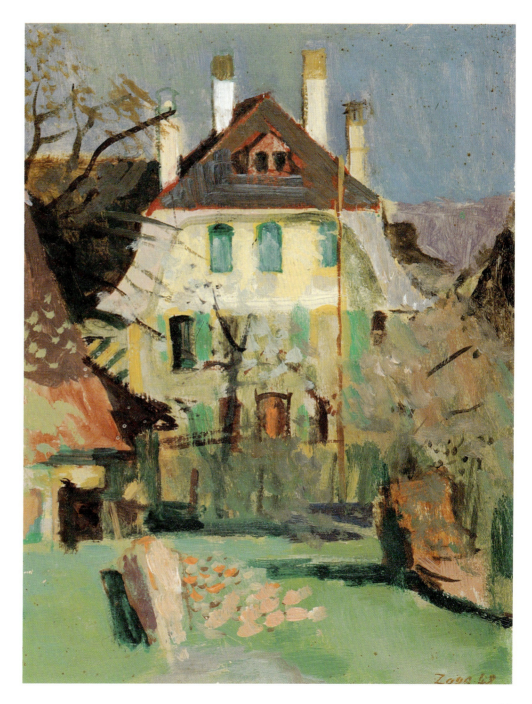

Wohnhaus, 1948
Öl
21×26 cm
Privatbesitz

Das nächste Werk stammt aus dem Jahre 1948. Es zeigt ein Wohnhaus im freiburgischen Murten. Man darf durchaus an Amiet denken. Doch ist diese kleine «peinture» ganz aus der malerischen Sicherheit und künstlerischen Selbständigkeit Zoggs entstanden. Die Bildanordnung ist geradezu konservativ: das in der Frontalansicht behäbig wirkende Haus, von der Wiese her im vollen Sonnenlicht des frühen Mittags gesehen, mit den Schuppen und dem Baume links, dem Obstbaum im Vorgarten hinter dem Trennzaun in der Mitte und der schlanken Fahnenstange rechts. Aus dem Walmdach steigt die Reihe der vier Kamine in den blauen Himmel; rechts in der Tiefe sieht man noch in leisem violetten Kontrastton die Kimme eines Hügelzuges. Ja, ein konservatives Bild, aber in solcher Frische gemalt, daß man die innere Sicherheit und die Lebensfreude des Malers Werner Zogg, geborgen in der Wärme seiner Frau, verspürt.

Zwei Bilder vom Seeufer

Die erste Strophe von Hölderlins Gedicht «Hälfte des Lebens» besingt einen Glückstag am See:

> «Mit gelben Birnen hänget
> Und voll mit wilden Rosen
> Das Land in den See.
> Ihr holden Schwäne,
> Und trunken von Küssen
> Tunkt ihr das Haupt
> Ins heilignüchterne Wasser.»

Das ist die Stimmung, die Werner Zogg – er ist jetzt 38 Jahre alt, glücklich verheiratet und von der Gewißheit erfüllt, aus Berufung Maler zu sein – im Jahre 1948 auf seine Art in seinen Malereien aus der Romandie zum Ausdruck bringt. Einmal ist es das Ölbild vom «Frühlingstag». Der Himmel ist klar und blau; die Sonne strahlt über Ufer und Weite des Sees. Aber Naturschönheit ist nicht Kunstschönheit. Sie muß ins Bild, das seine eigenen Gesetze kennt, einverwandelt werden. Ein gelbes hohes Mauerstück, ein tiefblauer Plankenzaun, Stangen und Masten bilden die Koordinaten auf der Malfläche zu den Horizontalen von Schattenwürfen und dem Seehorizont. Das begrenzte Bildformat ist die dem Maler allein zustehende Spielfläche, auf der er mit seinen Mitteln, angeregt von der Sicht in die Natur und sie einverwandelnd in das Werk, zu seiner Ordnung führen muß. Auf dem Wasser dümpelt ufernah ein Boot mit einem Segeldreieck, dem das Seildreiecks-Gespann des Hafenmastes antwortet, und dieses wiederum steht in musikalischer Spannung zu den Kurven der an der Galgenstange aufgehängten Netzen, oder was immer es ist. Wie ein Bewegungsspiel fällt das Licht auf die Figurengruppe, die Winkel und Kurven und Hell-Dunkel-Kontraste bildet. Ein Bild ist zuerst und vor allem ein Bild und kein Abbild, aber der vom glücklichen Blick des Malers berührte Betrachter empfindet die französische Intonation dieses Gemäldes, die «joie de vivre» in jeder Form.

Ebenso ausgewogen komponiert und farbig ansprechend ausgewichtet ist das Bild mit dem Blick auf den Dampfer im Hafen von «Ouchy». Wieder reden, in Linien und Farben umgewandelt und wie in drei Registern quer hingelegt Ufer, Wasser und Himmel. In diese Grundakkorde ist eine reich variierte Melodie eingeschrieben in immer neu im Betrachter Wohlgefühl auslösenden Proportionen der Sectio aurea. Man überprüfe die Maße vom oberen Bildrand über die Querstange am Takt des Staketenzaunes bis zum unteren Bildrand. Von den Schwingformen der Stühle und des Tisches im Restaurant spannt sich ein Kontrast zu den Eckformen des Schiffes und der Kurve der jenseitigen Bäume. Stille erfüllt dieses Herbstbild, das die erste Meisterschaft des Malers bezeugt.

Frühlingstag, 1948
Öl
29×41 cm
Kunstkredit Basel-Stadt

Ouchy, 1948
Öl
60×45 cm
Privatbesitz

Paris

Das bereichernde Erlebnis seiner Ausbildungsjahre in Paris weckte in Werner Zogg immer wieder das Verlangen, neu in die Atmosphäre der Seine-Stadt einzutauchen.

Für die Basler Malerinnen und Maler, tätig nordseits des Juras, ist der unmittelbare Zugang zu Frankreich, ins Elsaß, wo manche von ihnen auch wohnen, durch die Burgunder Pforte und über das Plateau de Langres in die Ile de France und ihre Metropole geradezu natürlich. Die Altmeister Paul Basilius Barth und Karl Dick haben in Überwindung des Böcklin'schen deutsch-italienisch temperierten Sogs diese Anbindung an das Französische vorgelebt. Eingetaucht in die Pariser Welt waren viele der nächsten Generation, der leider zu früh gestorbene Ernst Streit etwa, und manche der nach dem Geist der französischen Kunst ausgerichteten Mitglieder der «Dreiunddreißiger».

Während der wiederholten Pariser Monate hat Werner Zogg, von der Musikalität der Pariser Farblichttöne stimuliert, sehr ansprechende Gemälde geschaffen, etwa dieses: «Auf der Butte» (1949). Von einem sich senkenden Platz auf der Höhe fließt mit dem fein gefilterten Licht der Blick bis zum Eiffelturm, der in der flimmernden Atmosphäre fast entschwindet. Die Erbschaft des Impressionismus ist evident, die Malweise aber eigenständig. Das verwischte Baumgrün links und die pastellfarbig überhauchten Hausfassaden rechts bilden eine Waage, die, von verschiedenen Gewichten belegt, still ausgewogen in der Mitte bleibt. Diese Ponderation spielt auch zwischen oben und unten: der fast verblasenen weiträumigen Leichtigkeit oben kontrastieren unten Gitter, Steinpoller und Eisenkette. Im proportionalen Verhältnis der Abstände auf der Malfläche hinauf und seitlich leuchtet der alles sammelnde rote Pinselfleck: die wohl auf eine Begegnung wartende Frau.

Diese anregende Spannung zwischen lebendiger Bewegtheit und ruhender Stille kennzeichnet auch das Gemälde aus dem gleichen Jahr 1949: «Seine in Paris». Häuser am Ufer, Brücken über den Fluß, Insel mit Bäumen, ein an der Ufermauer angelegter Lastkahn und das spiegelnde Wasser im Vordergrund liegen alle unter einem Licht, das mit seiner Feuchte die Farben gesteigert leuchten läßt. Die Impression der von Feuchtigkeit gesättigten Luft, aber von weniger Licht durchschwängert, gibt auch das Bild «Haus am Kanal» aus den Herbstmonaten des Jahres 1950. Der Himmel ist grau, die Bäume sind kahl. Das Haus jenseits der Kanalbrücke, über die eine Frau in hellockrigem Gewande eilt, ist wie verstummt, vom Leben verlassen. Der Maler hat die Situation gesehen, ihren Geist erfaßt und mit eiliger Pinselschrift festgehalten: die Streifung des Hauses in Ockerrot und Grau, die grau umrahmten blicklosen Fenster, die stummen Baumgesten, die Gaslaterne mit ihrem Glaskopf. Die Ölskizze erzählt Geschichten in Moll. Man erinnert sich des alten Utrillo.

Auf der Butte,
1949
Öl
44×54 cm
Privatbesitz

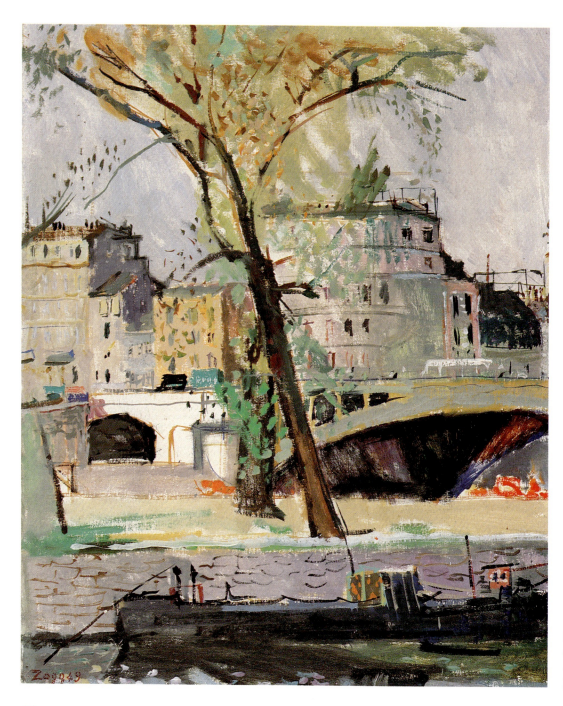

Seine in Paris, 1949
Öl
48×59 cm
Privatbesitz

Der Zeichner

Die vielen Zeichnungen der Jahre 1949, 1950, 1951 zeigen die Ernsthaftigkeit, mit der sich Werner Zogg bemühte, seine Beobachtungen kompositionell zu verfestigen. Sie sind bildhaft, ohne daß sie nur als Vorbereitung für ein späteres Gemälde ausgeführt wurden; in der Sicherheit ihrer Ordnung durch Linien und Helldunkel erweisen sie den Willen des auf Verdichtung bedachten Zeichners. Flunkern war ihm ein Abscheu. Im Verzicht auf vielleicht hübsche, aber für das Ziel unwichtige Einzelheiten soll ein anschauliches Ganzes geschaffen werden. So lehrte der Zeichenlehrer auch die jungen Menschen, die durch ihn in ihrem Sehen geschult wurden. Zeichnen erfordert erhöhte Disziplin, aus der dann erst Klarheit resultiert. «Radieren ist schmieren», hieß es in Zoggs Methodik, «Weglassen ist wichtig.»

Beispiel ist die direkt auf den Solnhofer Steinblock gezeichnete Lithographie «Boot am Murtensee» (1949). Mit wenigen Strichen, betont verdickten und weggezogenen, schwinden Bergzug, Dorf am Uferrand und Segelboot und den kleinen Wellen des Sees. Mit wenig Dunkelflächen wird das Ruderboot bei den Ufersteinen auf der Malfläche beschworen. In der Ökonomie der Mittel und ihrer klaren Verwendung zeigt sich das Können, niemals in der Anhäufung.

Es ist das Auge, welches zeichnet; nur wer gut sieht, zeichnet gut; die geschulte Hand folgt allein dem Gesehenen. Wer nicht das Wesentliche sieht, kann auch nicht zeichnen. Solch klare Erkenntnisse vermittelte der Zeichner und Maler, der auch immer neu, selbst in Unterlagen bei Wettbewerbsaufgaben darauf bestand, eben «Zeichenlehrer» zu sein.

Die Bleistiftzeichnung «Gare de la Bastille» von 1949 besticht durch die Verbindung von Präzision in der Beobachtung des Vorgegebenen, in der Umsetzung mit den Mitteln des Zeichners, den linearen Eingrenzungen der Gegenständlichkeiten und den Schattierungen des atmosphärischen Lichtspiels.

Linie ist immer Grenze und Verbindung zugleich; im Verlaufe ihres Duktus unterscheidet sie je eine Seite von der anderen, zugleich aber bindet sie den Ausgangspunkt mit dem Zielpunkt. Leonardo hat in seiner Schrift zur Malerei die Linie den Anfang aller Malerei genannt.

Alles dies läßt sich von der schönen, mit minutiöser Bleistiftführung gebildeten Landschaftsdarstellung «Blick hinaus» des Sommers 1950 ablesen, welche wohl die Aussicht von der Stadt Murten über Hafen und See zum Mont Vully zeigt, zugleich aber auch das völlig autonome Spiel des Lineaments genießen läßt.

Boot am Murtensee, 1949
Litho
30×40 cm
Privatbesitz

Gare de la Bastille, 1949
Bleistift
39×27 cm
Privatbesitz

Blick hinaus, 1950
Bleistift
40×29 cm
Privatbesitz

Bilder der Stille

Im Sommer 1947 malte Werner Zogg ein Bild, das ihm viel bedeutete. Es zeigt den «Akt» einer jungen Frau. Die Figur steht in der Stille eines Raumes. Der Blick führt von einem hellgelben vorderen Zimmer durch einen weißen Türrahmen in ein Zimmer, dessen Wände dunkel sind und dessen Boden mit einem dunkelroten Teppich belegt ist. Die Türöffnung ist im Malfeld leicht nach links zurück abgedreht. Die vertikale Akzentuierung mit Hellgelb und Weiß ist begleitet vom grünen Streifen eines Vorhangs. Er legt sich unten über die Schwelle. Er scheint wie unerwartet nach links zur Seite geschoben und so die leicht seitlich links stehende nackte Frau enthüllend. So wird dem Auge für einen stockenden Augenblick Einblick gewährt.

Im großartigen Gemälde Vermeers (1632–1675) «Der Maler im Atelier», das sich im Kunsthistorischen Museum Wiens befindet, sowie in seiner «Allegorie des christlichen Glaubens» im New Yorker Metropolitan Museum ist der gleiche Bildeinfall realisiert, um dem Betrachter das Geheimnis des Geschehens in der Konzentration der Stille zu visualisieren. Auch Paul Klee (1879–1940) hat dieses geheimnisvolle Spiel mit dem Vorhang in seinem Rätselbilde «Villa R» (1919, Kunstmuseum Basel) getrieben.

In Werner Zoggs «Akt» wird die dichte Stille erlebbar. Leise modelliert das durch die Tür auf die Frau fallende Licht den schönen Körper mit seinen schwellenden Formen. Aber in diesen Privatbereich einzutreten wird uns verwehrt. Der Vorhang wird in der Imagination des Bildbetrachters doch wieder geschlossen, und so bleibt nur eine unausgesprochene Ahnung.

Ein Meisterbild des Jahres 1948 nimmt in umgekehrter Weise dieses Motiv erlebbarer Stille wieder auf. Es ist das Ölgemälde «Blick in die Nacht». Der Betrachter wird in einen Raum eingelassen, der von einer schönen Tischlampe mit weißem Keramikfuß und durchscheinendem Schirm in verfließenden Farben zwischen Rosa und Schilfblau erhellt ist. Die weiße, von Reflexfarben überspielte Decke reflektiert selbst. Die Lehne eines Stuhles zeigt sich im Gegenlicht. Eine helle Keramikschale links auf dem Tisch tritt mit ihren Früchten im Lichtkegel farbig hervor. Das blaßgrüne Glas einer leeren Bordeaux-Weinflasche, die rechts seitlich teilweise vor die Lampe gerückt ist, wird vom Lampenlicht durchstrahlt. Es ist dies eine malerische Delikatesse, wie sie in holländischen Stilleben des Goldenen Zeitalters gefunden werden kann, oder in jenem symbolisch zu deutenden Glasgefäß, das auf den Portalstufen der Kathedrale vor Maria Aeterna im Isenheimer Altar steht.

In Werner Zoggs Nachtbild sind die Flügel eines hohen Fensters weit geöffnet; man sieht zu Seiten und durch die Scheiben die dunkelgrünen Vorhänge. In der Mitte geht der Blick zögernd hinaus in eine tiefe dunkle Nacht. Ist es eine Sommernacht über einem verzauberten Garten? Joseph von Eichendorff (1788–1857) hat in seinem schlichtschönen Gedicht «Der alte Garten» diese Verzauberung ins

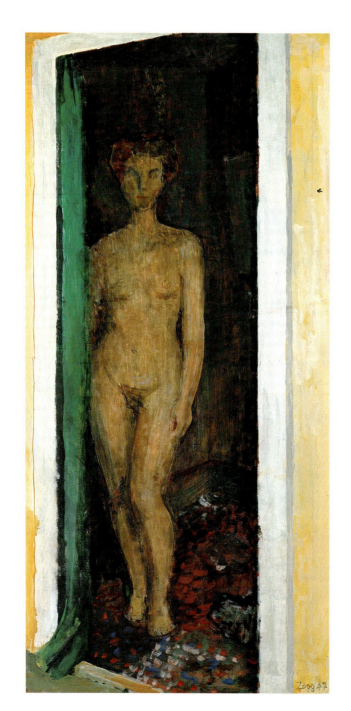

Akt, 1947
Öl
43×86 cm
Privatbesitz

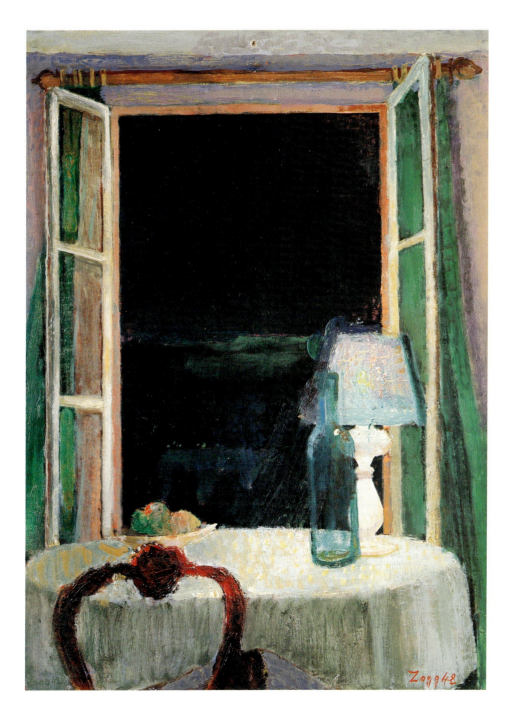

Blick in die Nacht, 1948
Öl
52×71 cm
Privatbesitz

dichterische Wort von der im Garten schlafenden, geheimnisvollen Frau gehüllt:

«Und wenn es dunkelt das Tal entlang,
Streift sie die Saiten sacht,
Da gibts einen wunderbaren Klang
Durch den Garten die ganze Nacht.»

Noch einmal hat Werner Zogg in einem Ölbild des Jahres 1949 die Verzauberung durch die Stille der Nacht beschworen. Bei diesen Bildern der Stille darf nochmals darauf hingewiesen werden, daß jedes Bild eines berufenen Malers auch ein verhülltes Selbstbildnis ist. Zogg zeigt in «Die Nachdenkliche» seine Frau. Licht fällt von der Seite her über ihren Rücken. Sie hat ihren Kopf, der sich im Gegenlicht vom hellen Hintergrund abhebt, dem Betrachter – dem Maler – zugekehrt. Ihre blauen Augen und ihr roter Mund leuchten. Auf den hochgewinkelten linken Arm gestützt, blickt sie nachdenklich. Was sinnt sie? Auf dem mit hellem Tuch bedeckten Tisch liegt eine blaue Schreibmappe. Hat sie Tagebuch geführt? Draußen ist Nacht. Das Fenster ist geschlossen. Im weißen Fensterkreuz reflektieren die dunkelgrünen Vorhänge. Vor dem Fenster stehen in Töpfen Pflanzen, von denen eine groß und rot blüht. Aber in die Durchsicht auf die Tiefe der Nacht mischt sich die Spiegelung des Innenraumes, so das Draußen und das Drinnen verbindend. Mancher der von Zogg bewunderten Maler hat das Fenstermotiv geliebt und gepflegt: Vermeer, C. D. Friedrich, Menzel, Dufy und Matisse.
Und nochmals, wieder ein Jahr später, malt Zogg ein Fensterbild. Ohne ihm die Eigenständigkeit abzusprechen, erinnert es an Arbeiten des Berners Fritz Pauli (1891–1968), worin ein Raunen durch die Räume geht und Kinder mit runden Augen verängstigt vor sich hinstarren.

In Dämmerstunden kann dies geschehen, wenn innen das Licht brennt, draußen aber die Nacht wächst, von der man nicht weiß, was in ihr vorgeht. Werner Zogg hat so seinen Buben «Philippe» gesehen und gemalt. Auf dem dunklen Tische stehen bunte schöne Blumen in einer Vase, als ein Kontrapunkt zum Düsteren. Der Bub sitzt mit verschränkten Armen am Tisch. Ist das Fenster offen? Hat sich der Vorhang raschelnd bewegt? Philippe hat sich abgewendet; vielleicht hat er vorher einmal kurz hinausgeschaut; aber jetzt will er nicht mehr. Groß und rot sind seine Ohren. Hört er Stimmen, die er nicht versteht? Alltagsdinge verschieben sich, werden bedrohlich. Genau hinter dem Bubenkopf steigt breit der Kreuzstock auf. Die Dämmerung draußen verdichtet sich. Gewohntes wird doppeldeutig. Rückt ein gegenüberliegendes Haus gespenstig näher? Verspannt drückt sich der Bub an die Tischkante. Er wartet, Unsägliches erwartend – und schweigt. So hat der Vater seinen Sohn gesehen und die geheimnisträchtige Stille in die Farbigkeit des Bildes gebannt. All das, was hinter Alltagsfassaden der Situationen, Dinge und Menschen verborgen ist, öffnet sich nur jenem, der die Sonden hat, in die Tiefen vorzustoßen. Goya war so einer, und Magritte, und immer gehen von ihren Visionen neue Anstöße aus.

Die Nachdenkliche, 1949
Öl
58×73 cm
Privatbesitz

Philippe, 1950
Öl
43×67 cm
Kunstkredit Basel-Stadt

Menschenbilder

Werner Zogg hat Frau, Kind, Freunde und Bekannte gemalt. Er wurde ein gefragter Porträtist. Er bemühte sich sehr um das Figurenbild. Vielleicht liegt es eben in diesem Bemühen, daß neben erstaunlichen Bildnissen auch solche entstanden, die als nicht sonderlich gelungen angesprochen werden können. Werner Zogg war sich selbst gegenüber zu kritisch und zu ehrlich, als daß er dies nicht gesehen und zugegeben hätte. Aber, in seinem Metier durchaus auch ehrgeizig, versuchte er immer wieder, die Aufgabe «Bildnis» zu lösen, so daß neben der repräsentativen Ähnlichkeit auch die tieferen, psychologischen Schichten, die sich in Gesichtszügen und Körperhaltungen abzeichnen, sichtbar wurden.

Im Jahre 1948 kam ihm, als willkommener Auftrag in seiner Situation als freischaffender Künstler, die Aufgabe zu, aus seinem Bekanntenkreis einen «Arzt» und dessen Tochter «Änneli» zu malen. Die Differenzierung der Persönlichkeiten durch die Farbwahl in den Bildnissen ist faßbar. Aber offenbar waren Modell wie Maler – was sich in der eingenommenen Haltung wie in Zeichnung und Pinselführung ausweist – nicht für sich frei genug und blieben, jeder Partner für sich, versteift. Vom Kind fühlt sich der Betrachter gerne angesprochen, übersieht jedoch gewisse malerische Schwächen etwa in der Darstellung des Kleidchens und in der Zeichnung der verschränkten Hände nicht.

Werner Zogg war ein Mensch, der nicht nachgeben wollte noch konnte. Aus seiner Schulung wußte er, daß das Ausführen von Zeichnungen vorrangige Bedeutung hat im Gewinnen einer klaren Bildnis-Vorstellung. So zeichnete er sehr viel. Der mit Bleistift ausgeführte «Männerkopf» (1950) des Bauern, Ingenieur-Agronomen und späteren freiburgischen Regierungsrates Bächler ist ein greifbares Beispiel für Zoggs Vorgehen. Die sachlich charakterisierenden Umriß- und Innen-Linien belegen den Kristallisationsprozeß in der Bildwerdung und zeigen zugleich das nuancierte Herausholen der psychischen Züge. Als Zogg dann 1951 «Marcelle», die Frau eines Zahnarztes porträtierte, war er dem Modell gegenüber freier und in der künstlerischen Bewältigung der gestellten Aufgabe viel sicherer. Gelöst sitzt die Frau vor uns. Das von links einfallende Licht hellt die rhombisch ornamentierte rote Wand als Fond nur so weit auf, daß das tiefblaue Gewand und das frische Inkarnat der Porträtierten sich ansprechend darbieten. Sehr gekonnt sind nun auch malerische Imponderabilien einverwoben: etwa die Aufhellung und fließende Abschattierung des Gesichts, die lebhaft sprechenden Augen mit ihrem feuchten Glanz, der nur angedeutete, also die Phantasie anregende Schmuck an Hals, Arm und Hand.

Welche Selbstverständlichkeit strahlt dann aus dem großen Bildnis des Sohnes «Dominique» der befreundeten Zahnarzt-Familie. Geradezu selbstbewußt steht das Kerlchen da, an die Kommode gelehnt, den rechten Arm hingelegt, die Linke aufgestützt. Die Spontaneität der Auffassung ließ in Kleidung und Wohnausstattung manches nur angedeutet,

Porträt, 1947
Öl
72×92 cm
Privatbesitz

Porträt, 1948
Öl
49×60 cm
Privatbesitz

Porträt, 1951
Öl
63×89 cm
Privatbesitz

Männerkopf, ca. 1950
Bleistift
30×41 cm
Privatbesitz

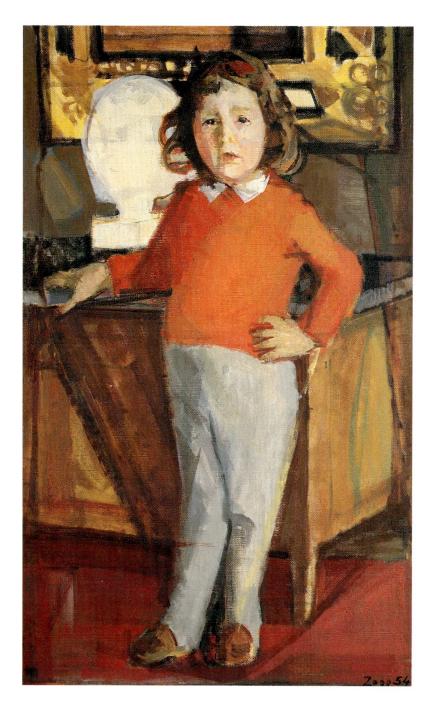

Porträt, 1954
Öl
72×115 cm
Privatbesitz

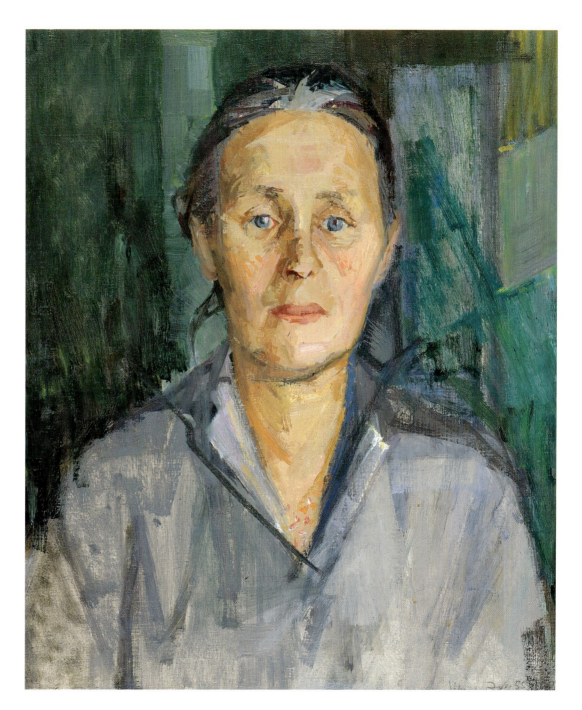

Porträt, 1955
Öl
49×60 cm
Privatbesitz

Porträt, 1955
Bleistift, Kohle
37×55 cm
Privatbesitz

Porträt, 1958
Bleistift
37×55 cm
Privatbesitz

umso stärker die Psyche des jungen Menschen erfassend, der sich wie zu fragen anschickt, was denn das Ganze da soll.

Im Ölbildnis des «Mannes mit dem Zwicker» von 1954 und im Brustbild des sehr chic gekleideten «Zahnarzt Stähelin» (1955) vor expressiv farbig malerischem Hintergrund hat Werner Zogg die Reife als Porträtmaler erreicht. Andere Menschen in Bildern erfassen zu können, setzt eben auch die menschliche Reifung des Malers voraus. Die Bildnisse der großen Porträtisten Rembrandt, Goya, Van Gogh und Hodler beweisen dies deutlich genug.

Werner Zogg unterstützte und förderte diesen Reifeprozeß mit Auge und Hand durch seine Kopfzeichnungen in jenen Jahren, etwa den in Bleistift und Kohle ausgeführten erstaunlichen «Frauenkopf» (1955) und die nach eingehenden Studien der Holbein-Zeichnungen im Basler Kunstmuseum ausgefertigte meisterliche Bleistiftzeichnung «Christiane» des Jahres 1958.

Er blieb nie beim Erreichten stehen. Das menschlich warme Brustbild der «Mutter des Freundes Bächler» (1955) und das Ganzfigurenbild «Walter Kreis» (1962), des Malers eigener Basler Arztfreund, veranschaulichen klar, wie Werner Zogg sich als Mensch und Maler weiterwandelte. Jedes dieser zwei Bildnisse ist in seiner Art unverwechselbar; beide erweisen in ihrer Art die geistige Souveränität des Beobachters in der Erspürung einer unverwechselbaren Person ihm gegenüber, als auch seine Souveränität in der künstlerischen Konzeption und Ausführung. Auch im Zustand des nur bildhaft Angelegten ist das Bildnis des stadtbekannten Dr. Walter Kreis, dieses großen Freundes und Förderers des Basler Kunstlebens, ein klarer Beleg dafür, daß auch im «Non Finito» das Ganze aufscheinen kann.

Porträt, 1962
Öl
100×200 cm
Privatbesitz

Vie Intime und Intérieur

Der Schreiber sieht die Unmöglichkeit des Versuchs ein, die verschiedenen Räume zu schildern, die sich das Ehepaar Zogg nach der Übersiedlung von Murten nach Basel an der Mittleren Straße zum Heim gestaltet hat. Die Frau Hilde half als Lehrerin durch ihren Beitrag zum Lebensunterhalt entscheidend mit, daß sich der Zeichenlehrer und Maler Werner Zogg so situieren konnte. Gewiß war sein Atelier an der Spitalstraße nicht nur sachlich praktikabel für die verschiedensten Belange der künstlerischen Arbeit, sondern durch die Ausstattung mit vielerlei Dingen auch atmosphärisch sehr anregend. Denn Werner Zogg war auch ein Sammler schöner Gegenstände für ein angenehmes Leben.

Das Wohnhaus aber vom getreppten Eingang über den Flur und drei Etagen hoch mit den Zimmern, deren Türen stets offen stehen und so wandelnde Einblicke bieten, ist ein Bijou. Hilde und Werner richteten es über die Jahre hin mit ausgesuchtem Geschmack ein, immer wieder angereichert mit neuen auserlesenen Bildern und Skulpturen, zum Teil im Austausch mit Kolleginnen und Kollegen, mit Geschirr, Vasen, Schalen, Figuren, Bibelots, Steinen und was man an schönen Stücken der Erinnerung von Fahrten mitbringt, für Augen zu sehen zum Genuß, in den Händen zu halten für das Gespür. Und zu allem gehörte die Musik für die Ohren und die Gastfreundschaft bei Mahl und Wein für den Gaumen. Blumen leuchteten, und die Katze Irini zählte sich selbstverständlich dazu.

«Connaisseur» ist eine angemessene Bezeichnung für den Künstler und Lebensgenießer Werner Zogg, vielleicht auch noch, wie er etwa von manchmal etwas neidischen Kollegen etikettiert wurde: «le précieux». Daß diese innere Stimmungslage sich natürlich auch seinen «Stilleben» und Bildern von «Innenräumen» kundtat, versteht sich von selbst.

Aber man sollte – und diese Werke sind besonders von der französiscshen Malerei, insbesondere derjenigen von Bonnard, angeregt und angereichert – von «Intérieurs» und «Vie intime» sprechen. Denn die Intimität ist eine unübersehbare Art von Gemälden aus der Hand von Werner Zogg. Ich erinnere mich, wie er in der von mir organisierten großen Bonnard-Ausstellung im Jahre 1955 in der Kunsthalle Basel mit genießerischen Augen durch die hellen Räume ging und, vor Paysages und Nature morte stehen bleibend, tief angerührt von der «délicatesse» und «noblesse» dieser Malereien des Meisters sprach und in sich die Resonanz verspürte, die von dieser im Lichte vibrierenden Farbgamme ausging.

So werden auch in Werner Zoggs besten Stilleben die seelischen Werte einer «Vie intime» schaubar. Das kleine frühe «Stilleben mit der Zitrone» von 1946 lebt ganz aus den Qualitäten der ausgewogenen Maße und den Klängen der schöne Natur in schöne Kunst umsetzenden Farben.

Malerisch noch reicher, künstlerisch weit gekonnter ist das «Stilleben mit Fruchtschale» aus dem Jahre 1950. Ohne eine Versteifung auf illusionistische Darlegung des Sachver-

Stilleben mit Zitrone, 1946
Öl
26×21 cm
Privatbesitz

Stilleben mit Fruchtschale, 1950
Öl
40×21 cm
Privatbesitz

Stilleben mit Pfeife, 1952, Öl, 92×43 cm, Kunstkredit Basel-Stadt

halts strahlt es auf in der Poesie dieser Farben der Früchte, ganz sich verschenkend zum Genuß der Natur wie der Kunst. Hier ist der Genießer Freund Werner, wie er leibte und lebte. An solchem Gelingen darf man seine Kunst messen.

Sich ganz einzustimmen in die gepflegte Welt des Menschen und ganz mit den Sinnen genießen, was uns vom Maler vor Augen gestellt wird, erfordern die beiden Intérieurs aus den fünfziger Jahren, «Die blaue Lampe» und «Stilleben mit Pfeife». Beide atmen in den Nuancen von Blau, dem opaken und dem diaphanen, dem dunklen wie dem hellen, dem Blau als Farbe der kühlen Ferne und nie erlotbarer Tiefe, wie Werner Zogg seine Lieblingsfarbe nannte. Das Intérieur mit dem Fensterausblick ist harmonisch in der Malfläche geordnet wie eine Komposition von Mondrian und wirkt darum auch so ponderiert, ist aber zugleich so reich an Leben der dargestellten Dinge, daß sie wie selbst Geschichten erzählen von der Umgebung, vom Ausblick über den See, vom Dasein im Raume und von den Menschen, die hier leben. Alles ist still besinnlich, so selbstverständlich dankbar da, wie es in den Meditationen der Zen-Philosophie eingeübt wird.

Solchem verwandt auch das «Stilleben mit Pfeife» des Jahres 1952. In diesem größeren Bild unternimmt Werner Zogg es, kühnere kompositorische und farbliche Wege zu beschreiten. Er will nicht stehen bleiben. Man mußte damals auch beim näheren Zusehen ahnen, daß der künstlerische Weg dieses Malers noch weit führen würde. Dem zurückblickenden Chronisten bestätigt das Spätwerk, was hier sich ankündigt: der Weg über die Lichthalle von Lausanne und die anderen großen öffentlichen Aufgaben, bis zu den letzten ganz verdichteten Malexperimenten, Schnittbildern und Collagen.

Skizze für Wandbild
Kinderspital, 1953–56
Farbstift, Aquarell,
Öl, Kreide
25×40 cm
Privatbesitz

Öffentliche Arbeiten

Es ist nicht von ungefähr, daß der Basler Kunstkredit, welcher für Verwaltung und öffentliche Gebäude wie Schulen, Universität, Spitäler und Altersheime Basler Kunst vermittelt, von Werner Zogg überdurchschnittlich viel Gemälde und Zeichnungen angekauft, ihm aber wenig Großaufträge erteilt hat. Diese Einschätzung der Jury hat durchaus mit dem intimen Charakter seines Schaffens zu tun.

Im Jahre 1953 gewann Werner Zogg in starker Konkurrenz zu Maly Blumer, Karl Glatt, Hans Rohner und Otto Staiger den Wettbewerb zur Gestaltung der Treppenwand in der Polyklinik des Basler Kinderspitals. Zum Thema hatte er «Spielende Kinder mit Drachen» gewählt. Die Entwurfsskizze zeigt den Aufbau in Diagonalen. Ballspieler und Hunde sind da; Eltern kommen mit ihren Kindern und den selbst gebastelten Drachen. Der Wind weht von links, wo im Treppenhaus durch die Fenster die Helle kommt, und hebt die Drachen in die Luft und ins Licht empor. Ein junger Velofahrer blickt stillvergnügt dem Treiben zu. Der ganzen Fröhlichkeit des Themas entsprechen die hellen Dispersionsfarben, unter denen ein heiteres Gelb dominiert. Bemerkenswert ist die Vereinfachung der Umrißformen. Im «Detail» finden sich mehr Qualitäten als im Gesamt. Zogg hat selbst mit der schwierigen – und ihm eigentlich nicht gemäßen – Aufgabe gerungen, hat auch sehr langsam mit der Ausführung vorangemacht, sodaß die Wandmalerei erst 1957 von der Jury abgenommen werden konnte.

Eine außergewöhnlich schöne Arbeit ist die Glaswand, die Werner Zogg im Direktauftrag in der Halle des Schulhauses Wasserstelzen in den Jahren 1963/64 ausführen konnte. Hier fühlte er sich ganz in seinem Element, mit den Möglichkeiten zu spielen, die ihm farbige Betonglas-Platten boten. Diese moderne Glasbildtechnik hatte Fernand Léger (1881–1955) anfangs der fünfziger Jahre mit dem Glasbild-Zyklus im französischen Audincourt eindrücklich gemeistert. Léger sprach zurecht von «architecture en lumière». Die Wand bleibt als gebautes Element der Architektur körperhaft erhalten, aber läßt mit ihren transparenten Teilen das Tageslicht ein und verwandelt es. Zogg hat mit den dunklen Betonstreben deutlich eine spannungsreiche Zeichnung eingebracht, baumgleich ausgreifend und umspielt von den vielfältig komponierten, variablen Glaspartien. Durch die verschiedene Dicke der auch vom Künstler bearbeiteten Gläser und die Oberflächenstruktur dieser Dalles ergibt sich nicht nur im Ganzen

Seite 75
Wandbild Kinderspital (Teilansicht), 1953–57
Kunstkredit Basel-Stadt

Seite 76
Wandbild Kinderspital (Detail) 1953–56
Kunstkredit Basel-Stadt

Glasbild Schulhaus Wasserstelzen, 1963–64
Kunstkredit Basel-Stadt

Seite 78
Glasbild Schulhaus Wasserstelzen, Teilansicht 1963–64
Kunstkredit Basel-Stadt

Seite 79
Glasbild PUK, 1967–68
Kunstkredit Basel-Stadt

Seite 80
Glasbild PUK, (Detail), 1967–68
Kunstkredit Basel-Stadt

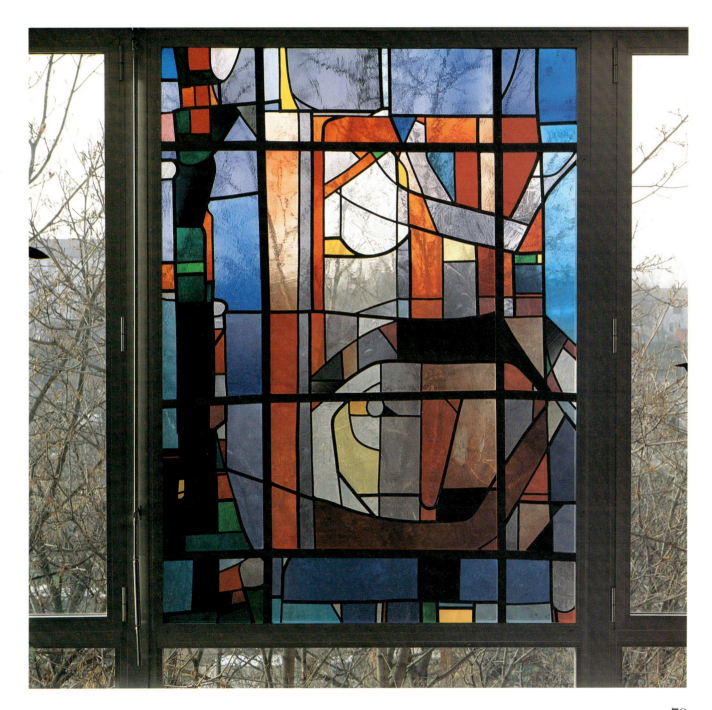

dieser bis auf den Fußboden reichenden Lichtwand, sondern auch in der Nahsicht ein reizvolles diaphanes Farbenspiel.

Ein weiteres Glasbild, diesmal in der herkömmlichen Bleiruten-Technik mit geblasenem Kathedralglas, führte Werner Zogg 1967/68 in der Psychiatrischen Universitätsklinik aus. Mit ihm haben auch Otto Staiger und Hans Weidmann je ein Mittelfeld in der Verglasung des Treppenhauses geschaffen. Ein Vergleich zeigt die je eigene Sprache der Künstler, belegt aber auch, daß Zogg in der Entwicklung seiner künstlerischen Sprache sich weiter gewandelt und im Ausdruck abstrakter Kompositionen gewonnen hat.

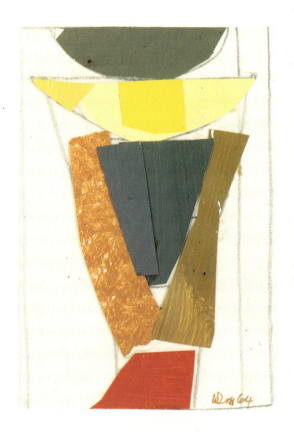

Komposition I, 1964,
24×30 cm
Privatbesitz

Komposition II, 1965
24×30 cm
Privatbesitz

Komposition III, 1965
8,5×17,5 cm
Privatbesitz

Experimente

Unablässig hat Werner Zogg an der Ausweitung seiner Malerei und an sich selbst gearbeitet. Mit den Jahren profilierte sich auch sein persönlicher Habitus so, daß sich sein Freundeskreis unter den Künstlerkollegen verkleinerte. Er wurde und war, was man freilich überspitzt einen «lonely hunter» nennen könnte. Er konnte unter der Distanzierung leiden, und er schuf doch selbst immer wieder Distanz um sich.

Im Nachgang seiner heute noch unvergeßlichen Arbeit für die Lausanner Lichthalle beschäftigte er sich eingehend mit den Möglichkeiten ungegenständlicher Malerei – doch ohne je daneben auf Figürliches zu verzichten. Er suchte, einem Alchimisten vergleichbar, die Charakteristik und Wirkungen weiterer Materialien als nur Pigmentfarben zu erkunden. So entstanden die für seine künstlerische Erfahrung wichtigen kleinen «Kompositionsstudien» der Jahre 1964 und 1965. Er bemalte Papiere, schnitt sie aus und klebte sie zusammen. Von Gegenstandsformen ausgehend, Tisch, Schale, Vase etwa, sind diese Versuche Unternehmungen wirklicher Abstraktionen, Destillationen in Form und Farbe, zum Teil noch unentschieden, pendelnd zwischen den Möglichkeiten und ihren Ansprüchen. Aber es ist faszinierend, in die Gestaltungsprozesse eines Künstlers so Einblick zu erhalten.

Reizvoll und vielsagend ist der Vergleich zwischen den Kompositionen «1964» und «1980». Die frühere zeigt in ihren Pinseltouchen noch die bewegte Hand des Malers. Die geklebte Anordnung der bemalten und rechteckig ausgeschnittenen Papierchen, vier auf ein Blatt, ihre Streifenumrandung, den blauen Fond begrenzend wie ein Aktionsfeld, und die Variationen der Farben, vornehmlich spielend in Ocker und Gelb, sind wie Schaubilder zur Einübung des Auges. Ein weiterer Anspruch, als nur «Fingerübungen» zu sein, besteht nicht.

Das Blatt von «1980» hingegen hat, trotz gleicher kleiner Maße, durch das Konzise in Farbe und Form durchaus den Charakter eines ausgereiften, zur Fülle des so und hier Möglichen gelangten Werks. Es scheint mir nicht unzulässig, hier den späten Mondrian und den Matisse der Klebebilder zu erwähnen, mit aller Reverenz den Größeren gegenüber. Eine zweite Experimentalgruppe bilden die drei großen «Farbkompositionen» der Jahre 1968 und 1969. Der Gestalt-Impuls scheint von der Vorstellung eines Stillebens ausgegangen zu sein. Die Durchführung in Farben und Formen wird geradezu labormäßig in schrittweisen Varianten vorgenommen.

Der Prozeß verläuft stufenmäßig. Zuerst die Grundfarbe, ein starkes Ockerrot, mit breiten Borstenpinseln aufgetragen. Dem zum Teil nachgedoppelten Grundierungs-Weiß der Zwischenräume wird große Bedeutung gelassen; Rechteckformen sind dominant; ein Schwarz und ein Gelb in streifenartig umrandeten Eigenformen, an «cloisonnisme» erinnernd, bringen einen Sonderklang ein.

Komposition IV, 1964
30×24 cm
Privatbesitz

Komposition V, 1980
24×30 cm
Privatbesitz

Farbkomposition I, 1968
69×49 cm
Privatbesitz

Farbkomposition II, 1968
69×49 cm
Privatbesitz

Farbkomposition, III, 1969
70×48 cm
Privatbesitz

Die Dominante der zweiten Stufe ist Blau in Tonalitätsgeraden. Die Randlinien, jetzt in Rot und Schwarz, verdicken sich, verflüchtigen sich teilweise, tauchen aber in anderen Grenzbereichen wieder auf. Zum anders gelagerten, an andere Orte verschobenen Schwarz fügen sich Grau und ein deckendes Weiß. Landschaftsassoziationen stellen sich ein.

Die dritte Stufe, 1969 datiert, ist die dichteste und reifste. Abstraktion ist der Konkretion gewichen: nun arbeitet Zogg unfigürlich ganz aus der Grammatik der Malerei, der Linie als Linie, der Farbe als Farbe. Im Prozeß der Experimentalstufen haben sich auch die Formen befreit und verwandelt und sind aus eigener innerer Kraft organisiert. Eine Schwelle im Prozeß ist erreicht, die Abschluß bedeuten kann, die aber in sich so voller Möglichkeiten der Aussage durch die geformte Vision des Malers ist, daß sich im Spätwerk, im Alter des Malers, noch Neues ergeben kann.

Drei späte Akte

Als ich davon sprach, daß Werner Zogg in seinem Werk keine große Linie einhalte, ist damit gemeint, daß sich sein Schaffen nicht wie bei Corot oder Monet kontinuierlich und folgerichtig entwickle. Aber in Zoggs Schaffen zeigt sich die durchgehende Linie darin, daß er mit immer neuer Kraft neue künstlerische Wege erkundete, «rerum novarum cupidus», wie er bemerkte. Darin, daß er auf diesen neuen Wegen stets zu sich selbst fand, liegt seine große Linie.

So ist es nicht verwunderlich, daß sich in seinem Œuvre aus dem Jahre 1970 drei sehr schöne Aktdarstellungen finden. Alle drei Körper sind genau gesehen und mit genau geführter sensibler Hand in definierender Bleistiftzeichnung ausgeführt. Die Blätter sind gleichen Formates und zeigen eine liegend ruhende Frau.

«Akt I» lebt aus einem Linien-Duktus, der erkennen läßt, wie das Auge den Körper abgetastet hat und die Hand ihm sorglich umschreibend gefolgt ist. Mit geradezu wissenschaftlicher Akribie wird der Akt anatomisch in allen Einzelheiten gefestigt. Dem Gesicht ist ein Strichgerüst unterlegt; mit solchen Konstruktionsformen aus sich kreuzenden Orthogonalen hat auch Alberto Giacometti seine Kopfzeichnungen begonnen.

«Akt II» führt den künstlerischen Schöpfungsprozeß weiter. Das Lineament ist entschiedener auf die Gesamtform konzentriert. Die Führung der Linien läßt an die Forderung von Ingres denken, der apodiktisch formuliert hat: «La peinture c'est la ligne.»

Der künstlerisch reinste, zeichnerisch vollendetste ist «Akt III». Nur das Wesentlichste des Frauenkörpers ist gegeben, mit äußerster Ökonomie und unter souveräner Weglassung allen nicht absolut Notwendigen. Die Linien schwingen atmend und sind erotisch erfüllt wie bei den gezeichneten Aktfiguren von Matisse. Solche Vergleiche sind nicht als Qualifikationen vorgebracht, sondern als Fragmente eines betrachtenden Gesprächs im «musée imaginaire», darin die gelungenen Werke eines Menschen eingebracht werden sollen, der die Gnade hatte, als Creator einmal die immer latente menschliche Fragwürdigkeit der Kreatur zu überwinden und im Werk auszuweisen. Hölderlin bat in seinem Gedicht «An die Parzen» um dieses Glück:

«…ist mir einst das Heilge, das am
   Herzen mir liegt, das Gedicht, gelungen,

Willkommen dann, o Stille der Schattenwelt!
   Zufrieden bin ich, wenn auch mein
     Saitenspiel
Mich nicht hinabgeleitet; Einmal
   Lebt ich, wie Götter, und mehr
     bedarfs nicht.»

Akt I, 1970
Bleistift
60×43 cm
Privatbesitz

Akt II, 1970
Bleistift
60×43 cm
Privatbesitz

Akt III, 1970
Bleistift
60×43 cm
Privatbesitz

Komposition, 1975
49×39 cm
Privatbesitz

Neue Recherchen

In den Jahren 1975 bis 1980 arbeitet Werner Zogg sehr zurückgezogen in seinem Atelier wie ein Alchimist in seinem Laboratorium an einer weiteren Entwicklungsreihe. Sie ist aus einer großen Arbeit für den Kunstkredit hervorgegangen. Im Jahre 1973 war Zogg mit Regula Hügli, Rita Kenel, Werner Schaub und Rémy Zaugg zu einem engeren Wettbewerb zur Gestaltung der Wände eines quadratischen Baukerns im Mitteltrakt des Gymnasiums Bäumlihof eingeladen worden. Vier je verschieden in die Gänge ausgerichtete, in zwei Fällen mit je zwei Türen versehene große graue Betonwände waren farbig zu akzentuieren – eine sehr schwierige Aufgabe. Werner Schaub, Rémy Zaugg und Werner Zogg erhielten auf Grund ihrer Entwürfe die Ausführung in je einem Stockwerk zugesprochen. Die Werke wurden 1976 von der Jury einstimmig abgenommen.
Wiederum erarbeitete Werner Zogg die bildnerische Lösung sehr sorgfältig. Er nahm aus den Malrecherchen von 1969 Formgedanken auf. Eine der neuen Skizzen von 1975 ist hier gezeigt, dazu die vier in Dispersionsfarben ausgeführten Wände. Er spielte mit verschieden geformten, verschieden farbigen geometrischen Flächen. Alle Kompositionen ordnete er deckenwärts an die Oberkante der Wände, wobei er die Türen sachbedingt negierte. Zweimal bezog er sich auch auf den Fußboden: einmal die obern Farbgebilde wiegend über der Aufrecht-Form schweben lassend, das andere Mal gefestigt als Konstruktion, die an El Lissitzkys «Proun» des russischen Konstruktivismus anklingt. In der Bewegung des Umschreitens dieses Baukerns, die Augen dem Farb- und Formspiel der Wände zugekehrt, erinnerte ich mich der Abwicklung der «Horizontal-Vertikal-Messe» (1919) von Viking Eggeling (1880–1925), von der Emanuel Hoffmann-Stiftung 1953 angekauft und von Georg Schmidt außerordentlich geschätzt.
Werner Zogg variierte im Verlaufe weiterer «recherches de formes et de couleurs» diese farbigen Partituren mit Filzstift, Pinsel und Collage im Jahre 1978. Im Jahre 1980 erscheint ein kleines Schlußblatt in kombinierter Technik, das in seiner Einfachheit eine «Quintessenz» bildet. Den alles in Gold verwandelnden Stein der Weisen haben aber auch die Alchimisten nie gefunden.

Seite 96
Wandbild Gymnasium Bäumlihof, 1973–76
Kunstkredit Basel-Stadt

Seite 97
Wandbild Gymnasium Bäumlihof, 1973–76
Kunstkredit Basel-Stadt

Seite 98
Wandbild Gymnasium Bäumlihof, 1973–76
Kunstkredit Basel-Stadt

Seite 99
Wandbild Gymnasium Bäumlihof, 1973–76
Kunstkredit Basel-Stadt

Recherches de formes et de couleurs A, 1978
49×39,5 cm
Privatbesitz

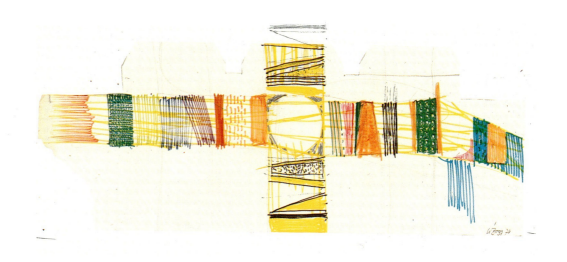

Recherches de formes et de couleurs B, 1978
49×39,5 cm
Privatbesitz

Recherches de formes et de couleurs C, 1978
49×39,5 cm
Privatbesitz

Recherches de formes et de couleurs D, 1980
14,5×29 cm
Privatbesitz

Rheinbilder

Der Übergang von Werner Zoggs Malerei der frühen Reife zu den Werken der Spätphase zeigt sich in einer Reihe von Rheinbildern sehr deutlich.

Mit dem ersten hier vorgestellten: «Rhein bei Village-Neuf» (1953/54) kehrt man in die Zeit der Malsprache der fünfziger Jahre zurück. Werner Zogg liebte diese Uferspanne am Rhein auf der Elsäßer Seite unterhalb von Basel, den Blick hinüber gerichtet zum badischen Ufer mit dem aus dieser Sicht gestaltmäßig verschobenen Isteiner Klotz. Schlepper und Kran rahmen die Uferblüten, alles unter weitem Himmel. Diese Malerei ist eine von der Allgemeinheit geschätzte, liebenswert gewohnte Basler Malerei.

1954 erwarb der Kunstkredit eine farbig lebendige «Rheinlandschaft». Von einem zum Wohnschiff umgebauten Kanalschlepper am blumigen Ufer geht der Blick frei über den Strom bis zum Stauwehr von Kembs.

Werner Zogg war oft und immer wieder an diesem elsäßischen Ufer. Er liebte diesen Rheinabschnitt mit seiner Heimlichkeit, seinem Licht und seiner Stille. So ist es nicht verwunderlich, daß er auch in seinem Alter dahin wiederkehrt wie zu einem Stück Heimat. Seine Augenschärfe hatte nachgelassen; eine Operation des Grauen Stars brachte zwar einige Erleichterung, aber nie mehr wurde – weil auch das andere Auge nachgab – alles so wie es früher war. Malen mit Ölfarben gab er auf; er malte nun mit den lichthaltigeren Acrylfarben.

In den ersten Jahren nach 1980 machte sich sehr langsam, aber unausweichlich, auch die Parkinson'sche Erkrankung bei Zogg bemerkbar. Zwar war er zuversichtlich, aber er machte sich auch nichts vor. Die Sicherheit seiner Malhand verließ ihn langsam.

Dies läßt sich bei einem Vergleich der beiden Gemälde «Der Rhein bei Village-Neuf» von 1983 und «Der Rhein bei Village-Neuf» von 1985 erkennen. Aus tiefer Farbensicherheit, mit der er sich zunehmend kühne Kombinationen gestattet, sind beide Bilder aufgebaut. Doch die schwingende Lebendigkeit des ersteren hat im zweiten einer wie zur Sicherung gebauten Komposition Platz gemacht. Die Flächen sind verklammert; die Strichlagen sind gedrängt und gerne deckend. Mancher Bild-Teil ist aus Bild-Wissen eingebracht. Dies und jenes wird nur noch angedeutet. Rhythmisch freier bewegt sich Zogg nur in den Pflanzenmotiven des Vordergrunds; doch auch sie sind mehr eingeübt, als spontan geschaut.

Im dritten Rheinbild dieser Serie, dem zweiten des Jahres 1985, «Am elsäßischen Rheinufer», äußert sich der Prozeß der Verfestigung noch deutlicher. Die dunklen Bereiche zeigen es, der eine insinuiert einen Baumstamm, leicht schräg, aber am Platz desselben Gestells im vorigen Bild. Was aber meint der schräg-horizontale Dunkelbereich? Ist dies noch Ufer, kontrapunktisch zum gegenüberliegenden, das mit Pappeln und Höhenzügen als Landschaft interpretiert werden kann? Das angedeutete rote Gestirn im roten Himmel ruft hier am grauen Rhein mit dem

Rhein bei Village-Neuf, 1953/54
Privatbesitz

schmalen Schiff, in der Strömung nach links entschwindend, Kosmisches auf wie das rote Gestirn in der «Urwaldlandschaft» der Sammlung des Basler Kunstmuseums, 1910 gemalt als das letzte Bild des Douanier Rousseau. Die Staccati im Vordergrund von Zoggs Bild sind jetzt nur noch seismographische Spuren eines inneren Zitterns.

Das letzte Bild dieser Rheinufer-Reihe ist 1989 entstanden. Werner Zogg ist sehr konsequent; er will sich nicht schlagen lassen von der Krankheit, die – er weiß es – eine Krankeit zum Tode ist. Pinselmalen ist ihm zunehmend erschwert. Nun malt er auf farbige Papiere, schneidet sie aus und klebt sie als Komposition auf die Unterlage. So ist es damals Henri Matisse (1869–1954) ergangen, als er sterbenskrank in Cimiez lag und mit seinen «papiers peints et coupés» letzte großartige Kompositionen schuf.

Rheinlandschaft, 1954
Öl
74×56 cm
Kunstkredit Basel-Stadt

Rhein bei Village-Neuf, 1983
Privatbesitz

Rhein bei Village-Neuf, 1985
Acryl
80×40 cm
Privatbesitz

Am elsässischen Rheinufer, 1985
18×12,9 cm
Rheinlandschaft, 1989
Privatbesitz

Rheinlandschaft, 1989
Privatbesitz

Letzte Arbeiten

Werner Zoggs Leben und Schaffen neigen sich dem Ende zu. Eine große malerische Erfahrung zeichnet den alt, krank und weise gewordenen Menschen aus. Eine reife Ernte ist ihm in seinen letzten Lebens- und Schaffens-Jahren noch geschenkt. Sein Wissen von den Gesetzen der Grammatik der Malerei ist sehr groß. Seine Lebenserfahrung und seine künstlerische Kraft verbinden sich zu Bildern menschlichen Daseins, die voller Symbolik sind.

Die Bezeichnung «Symbol» kommt vom griechischen Verbum «symballein», das «zusammenfügen» meint. Symbole verbinden bedeutungsvoll verschiedene Bereiche aus Natur und Geist. Karl Kerenyi formuliert in seiner Schrift «Auf Spuren des Mythos» eine philosophische Grunderkenntnis: «Eine Quelle des Symbols ist die Ehrfurcht»; in seinem Buch «Antike Religion» definiert er es: «Im Symbol erscheint das Unaussprechliche wie ein sichtbares Zeichen einer unsichtbaren Ordnung; es ist sozusagen ein transparenter Bestandteil der Welt.»

Symbole lassen sich nicht rational ausdenken. Sie eröffnen sich nur der Meditation. Sie sind mit konzentrischen Kreisen vergleichbar. Immer sucht die zentrifugale Kraft des alltäglichen Treibens den Menschen am Rande zu halten, wie ein Rad, das sich dreht und an dessen Peripherie wir hängen. So hat es Buddha gelehrt, ein Weiser, dessen Lehren Werner Zogg Aufmerksamkeit geschenkt hat und von dem er sprach. Freiwerdend von Lust und Leid soll sich der Mensch der zentripetalen Kraft überlassen, um zur Mitte, die uns unerklärlich ruft und wo vollkommene Bewegung und vollkommene Ruhe in eins sind, zu kommen. Diese Mitte erreichen wir nur am Ende jenes langen Weges, wo Erlösung ist und sich der Eingang ins Unfaßliche öffnet. Symbole sind nicht das Sein selbst, aber Zeichen dieses Seins, von dem sie genährt werden. Alle große Kunst ist symbolisch, weil in ihr zuletzt nie aussprechbar das Andere zum Einen kommt.

«Stilleben mit der Opalinlampe» von 1982 ist ein Symbolbild. Es ist ein malerisches Werk aus tiefer Reife, ein Intérieur, in dem «vie intime» geheimnisvoll lebendig ist. Nur der meditierende Betrachter vermag dies zu erspüren; verbal ausdeuten, was hier alles an menschlicher und künstlerischer Erfahrung einfachste dichterische Gestalt geworden ist, können wir nie.

Dem anderen Acrylbild des gleichen Jahres 1982 gibt Zogg den Titel «Irini». Über eine Landschaft mit den Ur-Symbolen Wasser und Berg, unter hellem, von Lichtwolken durchsetzten Himmel steigt ein mächtiges grünes Kreuz. Das ist nicht mehr das Leidensholz; mit blütenumranktem Stamm steigt es himmelwärts als Zeichen des Sieges, der neue Lebensbaum, wie er auf dem frühromanischen Bronzeportal von San Zeno Maggiore in Verona vom Ende des 11. Jahrhunderts zu sehen ist. Auf dem horizontalen Balken bewegt sich geheimnisvoll Werner Zoggs geliebte Katze, der er den Namen «Irini», das heißt Frieden, gegeben hat.

Irini, 1982
Acryl
70×84 cm
Privatbesitz

Irini, 1985
Acryl
90×50 cm
Privatbesitz

Gebot, 1985
Acryl
40×60 cm
Privatbesitz

Bouteilles et fleurs, 1986
Acryl
60×80 cm
Privatbesitz

Fruchtgaben, 1985
Acryl
95×200 cm
Privatbesitz

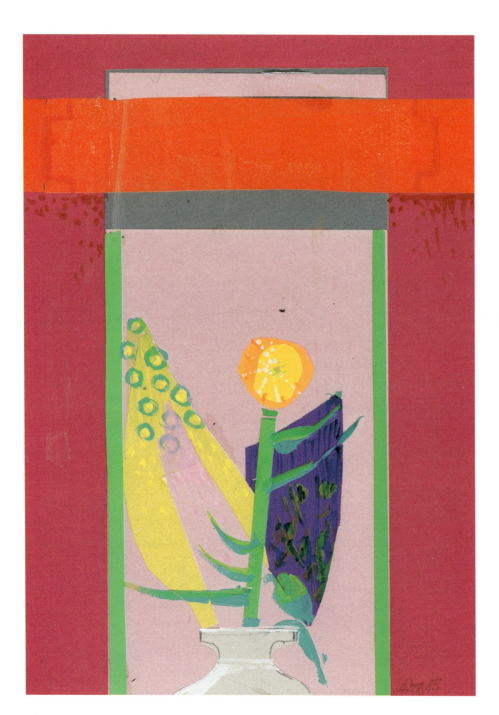

Blume, 1985
Acryl
30×40 cm
Privatbesitz

Blick in die Ferne, 1986
Acryl/Collage
40×30 cm
Privabesitz

Aufsteiger, 1988
Acryl
50×100 cm
Privatbesitz

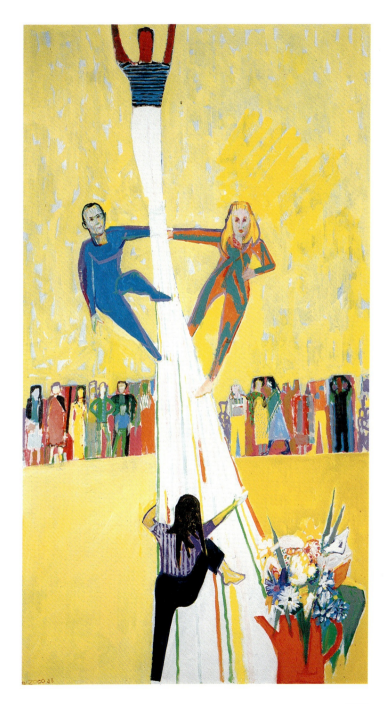

Die Aufsteiger II, 1988
Acryl
109×200 cm
Privatbesitz

Hinaus, 1989
Acryl
100×65 cm
Privatbesitz

Wir, 1989
90×21 cm
Privatbesitz

Auf dem nächsten, 1985 datierten, intensiv farbigen Acrylbild sind der blaue Schreitende, der erdfarben Stehende und der grüne, besinnlich Sitzende vereinigt. Mit weitem Tänzerschritt hält die graue Mittelfigur vor intensivem Rot den goldenen Stab, der ein Symbol der Macht, Stütze und Richtung ist, und präsentiert das sonnenfarbene Katzentier. Der Stab stößt bis in die dunkle Stelle, auf der die Worte «Irini», das griechische Wort «Eirini» und das deutsche «Friede» zu lesen sind. Wer vermag dies alles zu deuten?

Sehr gegenständlich sprechend und doch verschüsselt und unfaßbar ist das Bild gleichen Jahres 1985: «Gebot». Auf dem klassischen Kapitell einer weißen, kannelierten griechischen Säule steht eine schwarze Schale, schönster Früchte der Erde voll. Sie übersteigt einem buddhistischen Stupa gleich die geliebte Landschaft mit dem jetzt golden leuchtenden Rhein und hebt ihre oberste, vollreife Frucht empor bis in den dunkelgoldenen Himmel. Hugo von Hofmannsthal hat einmal den unvergleichlichen Vers gedichtet: «der Flüsse Dunkelwerden begrenzt den Hirtentag». Noch aber ist hier Helle in der schönen Welt der Natur – muß denn die Nacht kommen?

Das ist das Schwere, trotz aller langsam sich ankündenden Abenddämmerungen des Lebens, in sich das Licht zu bewahren. Werner Zogg hat es immer neu gewagt und sich aufrecht erhaltend künstlerisch so gearbeitet, wie es ihm als Talent, damit zu wuchern, gegeben war. Zuversicht liegt in den Spätwerken «Fruchtgaben» und «Blume» des noch voll ausgeschöpften Jahres 1985 und auch noch in dem auf das Wesentlichste vereinfachten Stilleben von 1986 «Bouteilles et fleurs». Es ist ein künstlerisch starkes Bild, das mit demütiger Weisheit sammelt, was er als Ernte aus einem reichen Malerleben in seine wachsende Stille einbringen kann.

Vom Jahre 1986 an kommen für eine Weile wieder vermehrt Menschen ins Bild. Die kleine gemalte und collagierte Arbeit «Blick in die Ferne» ist dafür aussagestark. Ganz eigen in der Alterssprache Zoggs, blickt es auch zurück zur «pittura metafisica» des Giorgio de Chirico (1888–1978). Scharen von Menschen, bunt gekleidet, wandeln einer Mauer entlang vor einer Stromlandschaft, die an Blicke über den Rhein wie ehemals erinnert, offen zu fern dahinziehenden Hügeln unter einem weißen Himmelsgewölbe. Aber die Menschen achten nicht des drohenden Monuments mit der erstarrten Menschenfigur. Mächtig und das Gefühl verwirrend durchstößt es von zuunterst bis zuoberst diese lautlose Szene eines imaginären Theaters.

Immer wieder suchen die Menschen mehr zu bekommen, versuchen noch höher zu steigen, als sie schon gekommen sind. Die Studie «Aufsteiger» von 1988 und das Acrylbild «Die Aufsteiger» gleichen Jahres belegen, wie Werner Zogg sich mit diesem Thema auseinandergesetzt hat. Nie hat er es sich, um zu einem befriedigenden Ergebnis zu kommen, leicht gemacht. Muß man wieder darauf hinweisen, daß das farbig mit Menschlein skizzierte Querband im goldenen Schnitt steht, der kleinere Teil zum größeren also wie der größe-

Collage, ca. 1990
Acryl/Collage
Privatbesitz

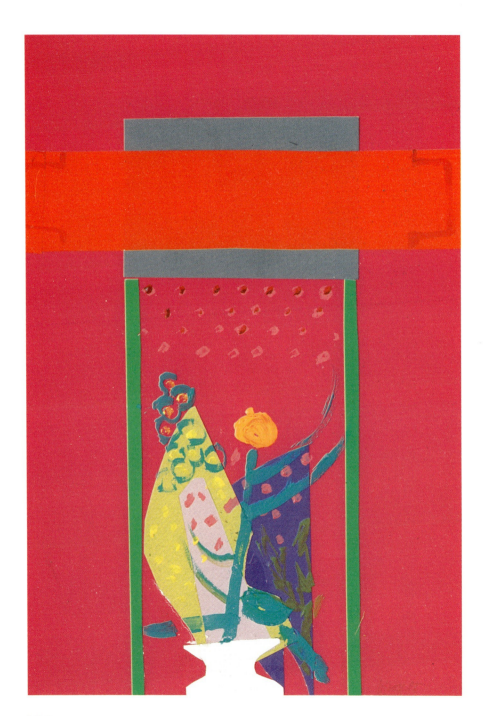

Collage
Privatbesitz

re zum Ganzen. Die Dominanz des monochromen Rot im Studienblatt, wird in der Bildausführung von bewußter Vielfarbigkeit abgelöst.

Wieder stellt sich die Erinnerung an ein Bild ein. Es ist vom Basler Surrealisten Walo Wiemken (1907–1940) im Basler Kunstmuseum und trägt den Titel «Das Leben» (1935). Da hängen Engel wie Marionetten von einem Pseudohimmel herab, gelenkt und scheinbar führend über Menschen, die sich sinnlos reihen und denen am Ende, den Mächtigen wie den Narren, doch nur eines zukommt: der Tod. Im geöffneten Leib einer steinernen Sphinx zeigt sich Böcklins «Toteninsel». Werner Zogg aber stellt, Zeichen der Hoffnungen, die akrobatischen Aufsteiger ins Licht vor der bewundernden Masse, und an den Fuß des Aufstiegs eine rote Gießkanne voller schönster vielfarbiger Blumen.

Und noch einmal bricht aus dem Alten und Kranken die Sehnsucht nach Weite, Leben und Licht im Acrylbild «Hinaus» des Jahres 1989. Ein gebräunter Surfer steht rechts wie ein Rufzeichen auf einem Podest am Strand vor dem in Farben verwandelten Meer und Himmel. Diagonal unten links antwortet in verwandten Farben und Formen, aber gewaltsam und drohend das schwarze Rätselzeichen.

Werner Zogg ist müde geworden. Seine Hand zittert oft und immer mehr. Er weiß, was auf ihn zukommt. Das kleine Blatt «Wir» des Spätjahres 1989, ausgeführt in Mischtechniken, ist ein erschütterndes Zeugnis. Menschen stehen wie etwas erwartend in einer frontalen Reihe. Nur einer, der in der Mitte, hat ein Gesicht, genau vor dem Giebelfeld hinter der Tempelfassade. Sie stehen bewegungslos da. Noch einmal zeigt Werner Zogg die Farbengamme von Weiß bis Schwarz. Er hat sie mit zittriger, zögernder Hand gemalt, wie zum letzten Mal.

Die ergreifendsten und letzten Bilder sind Collagen. Sie zeigen Intérieurs mit Ausblicken, Blumen, Stilleben, aus starkfarbigem Glanzpapier mit der Schere geschnitten, zuweilen noch mit breiten Strichen zögernd überstrichen, auf Hintergrund-Papiere aufgeklebt. Sie sind alle in den Ausmaßen klein, in der Bildsprache an den alten Matisse erinnernd, und doch ganz eigenständig geschaut, erlebt und gestaltet. Eine große Bejahung spricht aus diesen schönen Bildgedichten, mit denen das Werk des bedeutenden Malers Werner Zogg, das Leben preisend, endet.

Collage, ca. 1989
32×33 cm